人間・AI・動物 Human, AI, & Animal: Sociology of the Posthuman
ポストヒューマンの社会学

片桐雅隆 著 Masataka KATAGIRI

丸善出版

目　　　次

序章

「人間とは何か」の問い
── ポストヒューマンという視点

第1節　シンギュラリティは来るのか
── さまざまな人類史

(1)シンギュラリティ論 ── カーツワイルとハラリ

　「AI（人工知能）は人間を超えるか」といった話題が、今日沸騰している[1]。そのきっかけに大きく貢献したのが、アメリカの発明家、思想家であるレイ・カーツワイルのシンギュラリティ（特異点）論である。しかし、カーツワイルの『ポストヒューマン誕生（*The Singularity is Near*)』(Kurzweil 2005) は、単に「AIは人間を超えるか」＝「シンギュラリティは来るのか」という問いを立てているだけではなく、AIを含む先端科学の展開を人類史という大きな枠の中に位置づけている。

　カーツワイルは、進化の6つの段階を指摘する。第1は物理と化学の段階。それは地球上の物質の構造が固まる段階であり、時期的には、ビッグバン後の時代に当たる。第2段階は、今から数十億年前の生命の誕生期を意味している。第3は、脳をもつ動物が誕生する段階、第4は、人類がテクノロジーを発明した段階である。そして、第5は、人間のテクノロジーと知性が融合する段階であり、最後は、融合した人間の知性とテクノロジーが宇宙に出て行く段階である。この6つの段階の中で、シンギュラリティとは第5の段階に相当する。つまり、シンギュラリティは、物質や生命の誕生にはじまる宇宙の壮大な歴史の中の一時点を指している。そして、シンギュ

ラリティを迎えるということは、「AIが人間の知性を超えるか」という問いを超えて、AIを含めた先端科学と人間の融合によって人間（人類）という種自体が変わることを意味している（Kurzweil 2005：14-21［27-33］）。

　一方、ユヴァル・ノア・ハラリは、ベストセラーになった『サピエンス全史』を書いたイスラエルの歴史家である。彼は、人間を種としてのホモ・サピエンスという点からとらえその全史を描いている。その全史によれば、人間が、人間以外＝人外の（nonhuman）動物と異なるのは、第1に「認知的な能力」をもった点にある。動物がもたず人間だけがもつ認知的な能力とは、虚構を発明する能力である。そのことによって交易のネットワークや政治的な機関などの複雑なゲーム（社会）が発明される。その認知的な能力の獲得のことを、ハラリは「認知革命」と呼ぶ。そのような認知革命（＝約7万年前）にはじまり、約1万2千年前からの農耕によってもたらされた農業革命、ローマ帝国を典型とする帝国による人類の統一、近代科学がもたらした科学革命を経て現代があるのだが、ハラリは、その次に「超ホモ・サピエンスの時代」の到来を予測している。それは、人間がサイボーグ化し、種としての人間（人類）自体を超える時代である（Harari 2011）。

　この超ホモ・サピエンスという段階は、次の著作である『ホモ・デウス』で詳しく論じられている。なぜ、人間が、従来のホモ・サピエンスを越えられるのか。その議論の前提は、人間を含めた生物が、コンピュータと同じようにデータ処理のアルゴリズムの過程によって成り立っているという見方、つまり、生物＝機械という生命観にある（Harari 2017：333（［下161］）。人間がデータ処理のアルゴリズムの過程であるならば、それより優れた機械ができれば、人間はその機械に補填されることで、より優れた超ホモ・サピエンス、ホモ・デウスになることができる（Harari 2017：357［下190］）[2]。

　人間の脳のアップグレードによるホモ・サピエンスを超えた人間の誕生という発想は、先に見たカーツワイルの歴史的段階論に似て

いる。しかし、ハラリは、ポストヒューマンの時代について必ずしも楽観視しているわけではない。なぜなら、ホモ・サピエンスより優れたアルゴリズムをもつAIなどのテクノロジーができれば、ホモ・サピエンスはそれに従属し、支配されるかもしれないし、脳のアップグレードによる補強は、アップグレードできる人とできない人の間に格差を生むかもしれないからである[3]。

ポストヒューマンという言葉は、カーツワイルやハラリらによって日本でも有名になった。しかし、2人ともポストヒューマンという言葉をキーワードとして使っているわけではない。また、ポストヒューマンという言葉は、シンギュラリティを迎えた人間や超ホモ・サピエンス＝ホモ・デウスという意味として一般に用いられているが、ここで用いるポストヒューマンは、すぐ後で説明するように、それとは異なったものである。

(2)よりマイルドな人類史

シンギュラリティ、あるいはホモ・デウスの時代の到来が可能かについての真偽は別として、人間を、種としてのホモ・サピエンスとしてとらえ、その観点から「人間とは何か」を論ずる人類史の試みは、他にもさまざまに見ることができる。ここでは、2つの試みを取り上げよう。歴史家のブルース・マズリッシュは、現代を「第4の境界 (discontinuity)」が融解した時代と呼び、企業家でもあるバイロン・リースは現代を「第4の時代」と呼んでいる。

マズリッシュは、現代までの4つの時代が引き起こされたきっかけを、4つの境界の融解に求めている (Mazlish 1993)。第1に、ニコラウス・コペルニクスによる発見が地球と宇宙との境界を融解し、第2に、チャールズ・ダーウィンの進化論が人間と (他の) 生物との境界を融解し、第3に、ジークムント・フロイトの無意識の発見が人間の身体と精神との区分を融解した。そして、人間と機械の境界の融解が、第4の、最も新しい境界の融解を意味している。第4の境界が融解したことを発見した者が誰かは不明だが、「サイボー

グ宣言」をとおして人間と機械との境界が融解することを指摘した
ダナ・ハラウェイ（第2章第3節参照、Haraway 1991）らがそれに
当たるのだろうか。当然、現代社会は第4の境界が融解することに
よって引き起こされた時代に当たる。

　一方、リースは現代を「第4の時代」と呼んだ。第1の時代は、言
語と火による時代、第2の時代は農業と都市の時代、第3の時代は
文字と車輪による時代、そして、第4の時代である現代社会は、ロ
ボットとAIによって引き起こされた時代である（Reese 2018：
ch.2-4.）。それぞれの時代についての詳しい説明は省略するが、リー
スの指摘する4つの時代区分＝人類史は、認知革命、農業革命、帝
国による人類の統一、科学革命、そして現代というハラリのホモ・
サピエンス史＝人類史の区分と似ている[4]。

　これら2人があげる現代社会、あるいは、その続きとしての未来
の社会は、カーツワイルやハラリの描くような人類の能力を超えた
ポストヒューマンの時代ではなく、むしろ、そうした未来の描き方
に否定的である。その点で、2人の人類史は、よりマイルドな人類
史と言えるだろう。とりわけ、リースは、カーツワイルの言う人間
の脳のアップグレードの実現可能性を明確に否定する[5]。

（3）ポストヒューマンとは

　カーツワイルとハラリ、そして、マズリッシュとリースの人類を
めぐる歴史の語りを見てきた。カーツワイルやハラリは、その見方
に微妙な差はあるにしても、現在のホモ・サピエンスを超える能力
をもつポストヒューマンの時代を予告した。一方、マズリッシュや
リースは、その未来像には懐疑的であり、また否定的でもあった。
しかし、現在のホモ・サピエンスを超えるポストヒューマンを構想
するにせよ、人類を動物や機械との関連で論じるにせよ、人間のあ
り方を、人間という枠を超えて、あるいは、人間や人間同士の関係
に限定せずに考えることの重要性や魅力をこれらの人類史の構想は
示している。

この本で言うポストヒューマンについては、オランダの哲学者ロージ・ブライドッティ（ブライドチ、ブライドティ＝Braidotti）のポストヒューマン論に依拠しながら、第1章で詳しく考察するが、ここで簡単にその定義を述べておこう。本書で用いているポストヒューマンは、シンギュラリティを迎え、ホモ・サピエンスの能力を超えたポストヒューマン、あるいはトランスヒューマンを意味するものではない。ブライドッティは、ポストヒューマンを、第1に、西洋近代的な主体像を超えた人間という意味で、第2に、動物、機械やテクノロジーとの関連の中にある人間という意味で用いている。第1の論点は「ポスト・ヒューマニズム」に、第2の論点は「ポスト人類中心主義（post-anthropocentrism）」にかかわっている。そして、ここでのポストヒューマンの議論は、第1の意味を前提としながらも、主に第2の意味を土台としている。そのことを、まず、はじめに断っておこう。そして、ここでは人間とかかわる人間以外の種の問題を、生物一般でなく（哺乳）動物（＝animals）を念頭に置いて考えよう。その際、「人間以外＝人外の動物」は原則として単に「動物」と表記する。

第2節　「人間とは何か」の非自明性
── 人間というカテゴリーをめぐって

（1）人間というカテゴリーの成立
　上記のような意味でのポストヒューマン論が提起した重要な点の1つは、「人間とは何か」という問いである。人間は、動物、機械やテクノロジーとの関連で中心的で独立したものと思われてきた。しかし、とりわけAIによって人間と機械やテクノロジーが融合した時、それは人間と言えるのだろうか。また、動物に対する人間の優位性や独立性が疑問視された時に、人間はどう位置づけられるのだろうか。これらの問いが、ポストヒューマン論が投げかける「人間とは何か」をめぐる典型的な問いである。

しかし、「人間とは何か」という問いは、人間と動物、機械、テクノロジーとの境界の曖昧さが指摘されるはるか以前から答えが自明な問いではなかった。人間というカテゴリーは近代社会が生んだと言われている（Carrithes, Collins & Lukes eds. 1985）。社会学における説明はこうである。伝統的な共同体における、身分、家柄、出身地域、職業などの属性によってではなく、それらを超えた「人間」一般として規定されることが人間の発見である。そのような人間は、「個人」とも表現される。個人は、〈the individual〉であり、それは、分割できないものを意味している。身分などの個別的な属性をはぎ取られ、最終的に残された属性が個人である。しかし、この個人は、残されたものというネガティブな属性ではない。個別的なものとしての身分、家柄、出身地域、職業などの属性を超えて、人間一般としてカテゴリー化される。つまり、個別的に規定されてきた人々が、共通して人間としてカテゴリー化されることで、人間としての属性をもつものとして括られるようになったのである。その括りは、「誰もが人間として平等である」「誰もが等しく人権をもっている」という発想に対応している。そして、そのような「人間」というカテゴリー化によって、個別的な共同体を超えた新たな社会のメンバーであるという認識が生れたのである[6]。

それらの現象を指摘した社会学者に、エミール・デュルケームやゲオルク・ジンメルがいる。デュルケームは、近代社会において「人間という概念（notion d'homme）」が発見されたと考える。この時、人間という概念は、個別的な何々人という属性を超えた人間一般を指すものである。そして、人間という概念の成立は「人格崇拝」と密接に結びついている。なぜなら、人格が不可侵で聖なる存在であるという考えの背景には、人格を担う人間とは誰か、どのような範囲の人々がそれに含まれるのか、という発想が不可避的に伴うからである。従来、個別的なものとして分断されてきた特定の、身分、家柄、出身地域、職業などを担う人々も共通の人間として、そして、同一の社会を構成するメンバーとして見なされ、また、共通に聖な

る人格をもつものと見なされるようになる。そのことが、デュルケームにとっての「人間という概念」の成立がもたらす帰結である(Durkheim 1893：275f.［下89f.］)。

　一方、ジンメルは、人間というカテゴリーそのものの成立には言及していないが、「労働者」というカテゴリーの成立をとおして同様のことを指摘している。つまり、人々の作るものが、靴なのか、農具なのか、武器なのか、玩具なのかにかかわらず、等しく賃金のために労働しているのだという考えが、同じ状態にある人々を結合させるのだ、と (Simmel 1890：248 ［129］)。個別的な属性を超えた労働者という一般的なカテゴリーの成立が、従来の個別的な社会への認識を超えて、より普遍的な社会のメンバーという認識を可能とする。そのことを、労働者というカテゴリーの成立は意味している。

　このように、個別的な属性を超えて人間一般という認識が生まれたことが人間の発見であった。しかし、第1章で考察するように、ブライドッティらの批判的ポストヒューマン論によれば、近代が発見した人間は、男、大人、白人、健常者、キリスト教徒などであって、それらに対して、女、子供、有色人種、障害者、異教徒などの人たちは、人間というカテゴリーからは排除されていた。これらの排除されてきた人たちが、人間のカテゴリーに包摂されるようになったのは、マイノリティをめぐるさまざまな運動を待たなくてはならなかったし、また、その運動は未だに進行中でもあると言えるだろう[7]。

　一方で、今までの研究で示してきたわれわれの関心は、近代初期から現代に至る変化を、人間というカテゴリーの分断、あるいは、人間というカテゴリーの成立が困難であるという観点から描くことにあった。その問いは、人間というカテゴリーにさまざまなマイノリティが含まれていなかったという問いとは異なった角度から、人間というカテゴリーの成立の困難を論じるものである。それが、私化と心理化、あるいはソーマ化という現象をとおして指摘してきたことである。そのことを概観しておこう。

(2) 人間というカテゴリーの困難 —— 私化・心理化・ソーマ化

　「私化 (privatization)」は必ずしも孤立を意味するのではなく、むしろ社会的な抑圧からの解放という側面を同時にもっていた。人々を公的な領域と結びつける中間集団＝媒介的構造が希薄化することは、一面では、孤立や孤独を意味するが、一方では、それらの関係からの解放を意味するからである (片桐 2011：第 5 章)。アメリカの社会学者のピーター・L・バーガーらによれば、私化とは、公的な領域が匿名化することによって人々が生きる意味を求める場とはならずに、私的な領域がそれに変わる傾向を示している。公的な領域とは国家や仕事の領域を指しており、私的な領域とは、家族や友人関係などの親密な関係を意味している (Berger, Berger & Kellner 1974：32-40 [28-39])。この時、重要なことは、自己を位置づける枠組の私化である。私化現象の下では、意味を共有するという点で、親密な関係のメンバーは同一の社会のメンバーと見なされるが、公的な領域で出会う人たちは同一の社会のメンバーとしては括られない。つまり、個別的な共同体を超えた人間というカテゴリーが成立せず、人間が、再び私的領域という共同体のメンバーへと個別化され、分断されたのである。

　一方、「心理化 (psychologization)」は、さまざまな問題を、社会の問題としてではなく、心や精神の語彙に帰属させることで、解釈し対処する傾向である。それは一般には、労働や教育の場における「管理的な心理化」に例を見ることができる。労働や教育において成果が上がらないことや、人間関係の悩みを社会的な問題に帰属させるのではなく、心や精神の語彙に帰属させる傾向がそれである。つまり、労働の現場における問題を、労働時間や組織上の意思疎通などの社会的な問題として解釈し対処するのではなく、鬱や発達障害などの心や精神の障害として解釈し対処する。教育の現場でも、勉強ができなかったり、友だちとの人間関係がうまくいかなかったりすることを、学校の問題や家庭環境の問題としてではなく、同じように、鬱や発達障害などの心や精神の問題として解釈し対処する

傾向が、典型的な心理化である。

　心理化はそれだけには限らない。上記のような「管理的な心理化」に対して、心理化は自己実現のあり方や人間関係のあり方にも見ることができるからである。「自己実現の心理化」とは、本当の自分は、自己の内部＝心の中にあるという自分探しの傾向を意味している。一方で、人間関係のあり方が心理化するとは、人間関係の構築において相互の心への配慮が強く求められるようになった状況＝「人間関係の感情意識化」を指している。つまり、人間関係も、心の問題に還元されるのである（片桐 2017：ch.2.）。

　このような、「管理的な心理化」「自己実現の心理化」「人間関係の感情意識化」は、異なる現象のように見えるが、労働や教育現場、自己実現、人間関係におけるさまざまな現象を、社会的な問題としてではなく、心や精神の語彙によって解釈し対処するという点では共通する。「人間とは何か」を問う時に注目すべき点は、心理化において、人間が、心や精神の属性に分解、あるいは分断されたという事態である。

　本来、近代が発見した人間としての個人（＝ the individual）は、個別的な属性を超えた人間というカテゴリーの下で自らを位置づける自律・自立した主体として想定された。しかし、私化では、個人は公的な意味づけを欠いた私的で個別的な存在となり、心理化では、人間は心や精神に還元、分断されたのである。その傾向は、ソーマ化（somatization）においてさらに深化している。ソーマとは生物体の組織や器官を意味し、ソーマ化とは、病気の社会的背景や人種を分類するイデオロギー的な背景を排除して、組織や器官を構成する遺伝子や脳の伝達物質などの分子レベルの属性によって人間を定義する傾向を意味している。そこでは、人間というカテゴリーの分解、分断はさらに進んでいる。なぜなら、心や精神から分子レベルの属性へと、その分解、分断が進行しているからである（Rose 2007：109-110, Harari 2017：332-333［下 160-161］）。そして、近代社会が発見した「人間」というカテゴリーによって括られる社

会のメンバーだという認識は、私化や心理化、ソーマ化によってますます困難となっている[8]。

　このように、「人間とは何か」は決して自明ではない。ポストヒューマン論は、人間と動物、機械やクノロジーとの関連の中で「人間とは何か」の問いを発したが、そもそも人間というカテゴリーは特定の時代、社会が生み出したものだった。したがって、それを生み出した時代的、社会的背景が異なれば、「人間とは何か」には異なる解がもたらされる。そして、近代がもたらした人間＝個人 (the individual) という人間観の成立が困難であることを、私化や心理化、ソーマ化などの傾向をとおして指摘した。それが、今までの研究で指摘してきた人間への問いであった。ただし、その過程を必ずしも否定的にとらえているわけではないことを断っておこう（片桐2017など）。

　「人間とは何か」は決して当たり前のことではなかった。そして、ポストヒューマンという枠組の中で、つまりは、AIや動物を問うことで「人間とは何か」が新たに見えてくることがある。これから、AIや動物との関連の中で、そのことを探る試みをはじめよう。

第3節　「人間とは何か」を問う視点
── 属性と関係

　AIや動物と人間は同じなのか、それとも違うのか。そのことを、AIや動物が人間と同じ能力 (＝属性) をもつかどうかという点から考える視点と、AIや動物と人間とが実際にどのような関係をもっているかという点から考える視点とがある。そして、その問いは「人間とは何か」を考える上でも重要な示唆を与えるものである。ここでは、2つの視点の違いをAIを例として考えてみよう。

(1) AIの属性から「人間とは何か」を考える
　シンギュラリティ論のようにAIが人間の能力を超えるというSF

的で将来的な話ではなく、現在の段階でも、AIは人間と同じような能力（＝属性）をもつか否かという議論は盛んである。その典型が、「フレーム問題（frame problem）」や「シンボル接地問題（symbol grounding problem）」である。つまり、AIはそれらの問題を克服できれば人間と同じ能力をもつことになる。この2つの問題については改めて第4章で詳しく検討するので、ここでは、フレーム問題のみ簡単に取り上げることにする。

①フレーム問題

　フレーム問題の説明のために、AIの紹介書などでよく引用される例がある。それは、哲学者のダニエル・デネットが考えた例である（Dennett 1984：129）。部屋の中にAIが内蔵されたロボット（以下、AIロボット＝ロボット）を動かす電池があり、その部屋にある爆弾が爆発する前に、電池を取ってくるようにロボットに指示するという例である。電池は部屋の中のワゴンの上に乗っているが、同時にそのワゴンの上には爆弾も乗っている。ロボットは、指示通りに電池を部屋から取ってくることに成功したが、爆弾も一緒にワゴンごともってきてしまった。なぜなら、爆弾を一緒にもってくれば爆発すること（＝電池をもってくることと、爆弾をもってくることの関係）がわからなかったからである。デネットは、このロボットに対して2つの段階で改良されたロボットについて説明しているが、ここでは省略しよう。フレーム問題とは、ある課題を実行するのに、それに「関係ある知識だけを取り出してそれを用いる」ことができるかという問題と定義される（松尾 2015：105）。部屋の中にあるさまざまな物の中から電池を探して、それをもってくることは課題に関係するが、爆弾をもってくることは課題に関係しない。つまり、ロボットは、フレーム問題を克服できなかったのである。

　ロボットは電池を部屋から安全にもち出すことができなかった、ということは、逆に言えば、人間ならそんなことは難なくこなせるという意味を含んでいる。あるいは、人間なら、そのような危険な作業自体をしないかもしれない。つまり、フレーム問題は、ロボッ

トに何ができるかという問いを投げかけるが、そのことは、一方で「人間とは何か」を問いかけている。

②自己のあり方とAI

　より一般的に言うと、AIのあり方を問うことと、人間のあり方を問うこととは密接に結びついている。先に、現代を「第4の時代」と名づけたリースは、自己(self)(＝人間)とは何かについて3つの考えを示している。その3つとは、自己とはトリック(＝技)である、自己とは創発である、そして、自己とは魂であるという考えである。トリックとは、あらゆる感覚器から情報を取り入れ、そのインプットを統合する脳の働きを指している。人間の経験は、そのようなさまざまな情報の統合の上に成り立っている。一方で、脳の中で生じる情報処理の統合だけでは自己を説明することはできない。統合の働きを超えて、自己は創発的に作られる。それが、第2の考えである。創発とは、水素と酸素から水が構成されているように、水がその構成要素である水素や酸素に還元できないことを意味する。つまり、脳は、さまざまな情報のインプットの統合を超えて、創発的な働きをもつことになる。そして、第3の自己についての見方は、自己は魂であるということだった。自己がトリックだとか、自己が創発だとかという考えは、自己があくまで脳の作用の帰結によることを前提にしている。しかし、魂とは、そうした脳の働きを超えた何か、あるいは、脳の外部にある何かである。リースは、今日のアメリカ人の多くは、神や悪魔、天国や地獄、奇蹟などを信じていると言う。それらの信仰は魂の存在を前提としている(Reese 2018：246-247［230-231］)。

　自己のあり方を、トリックという働きをもつ脳によって説明するか、創発機能をもつ脳によって説明するか、あるいは、脳の働きを超えた魂のような存在を置くことによって説明するか、そのことはAIをどう考えるかと密接に結びつく。第1の考えに立つほど、人間に近い汎用型のAIの開発の可能性は高い。なぜなら、脳がさまざまな情報の統合作用であるとすれば、そうした機能をもつAIは開

発できるかもしれないからである。つまり、汎用型AIの可能性は、「人間＝機械」論が前提となっている。しかし、自己が、脳の創発性によって説明され、いわんや魂によって構成されると考えれば、そうしたAIの開発は不可能だろう。このように、自己とは何か＝「人間とは何か」という問いと、AIとは何かという問いとは密接に結びついている。

(2)AIとの関係から「人間とは何か」を考える

　フレーム問題をAIは克服できるかという問いは、「人間とは何か」という問いであること、そして、AIの開発は、自己＝人間のあり方をどう考えるかという問いと密接に結びついていることを見てきた。これらの問いはいずれも、AIの属性（property）とは何かという観点から「人間とは何か」を考えている点で共通している。その視点を「属性的アプローチ」と呼ぼう。このような問いの方向性に対して、AIの属性を問うのでなく、AIに対する人間のかかわり＝関係から「人間とは何か」を考える視点がある。

　例えば、人間はロボットに感情を読むことがある。ロボットが人間によって打たれたり、蹴飛ばされてたりするところを見た時、人はロボットが虐待されていると思うかもしれない。ヒッチボットというカナダで作られたロボットが、自力でヒッチハイクをして旅をするという企画があった。そのヒッチボットがヒッチハイクをしている際に、壊され、道路の片隅に捨てられたことがあった。それは、ロボットへの虐待なのだろうか。現在の段階であれば、ロボットが虐待されて、ロボット自身が特定の感情をもつとは考えられない。しかし、それにもかかわらず、人間はロボットに感情を読み取るのである。

　そのことは人間同士の関係においても当てはまる。感情の社会学には感情の語彙という考えがある（片桐 2000：76f.）。それは、感情は、心に内在するものではなく、感情表出とは、それぞれの場面においてふさわしい表出を求められる規範的な行為である＝社会的

な振る舞いであるとする考えである。人が死ねば悲しむこと、結婚式では、喜びを表すことが求められる。人が虐待されたと思われれば、それにふさわしい感情表現を求められる。それは、ロボットが他者＝相手であっても変わりはない。

　AIと人間の相互行為を考える時、AIが人間と同じ相互行為の能力（＝属性）をもつ必要はなく、人間がロボットに（人間としての）他者を読み込みこむかどうかが問題なのである。劇作家の平田オリザは、演出法に関して同じようなことを言っている。平田は、演技において感情移入は不要であり、演技の外見が重要であると言う。つまり、悲しい場面を演じる時、役者が感情移入をして悲しさを感じることは必要ではなく、泣くという表情をまねることが重要である。なぜなら、感情移入をするとかえって演技がわざとらしくなるからである。つまり、役者が感情を抱くことが重要なのではなく、聴衆が役者の感情を読み込むことの方が重要なことになる（石黒2009：ch.6.）。

　人間がロボットに感情を読むそのあり方は、人間が人間の他者に感情を読むのと同じである。このことは、ロボットの属性から「人間とは何か」を考えるのではなく、ロボットへのかかわり＝関係から「人間とは何か」を考えることを意味している。ロボットや動物などの属性ではなく、人間のそれらへのかかわり＝関係に注目する視点をオーストリアの技術の哲学者であるマーク・クーケルバークにならって「関係的アプローチ（relational approach）」と呼ぼう。ただし、このように規定される限りでの（広義の）関係的アプローチは、クーケルバークのものに限定されない。クーケルバークの関係的アプローチの固有な特徴については、次節で紹介する。

(3)「人間とは何か」への問いと社会への問い

　本書では、ポストヒューマンの視点をふまえて問う課題は大きく2つある。1つは、AI・ロボットや動物を含めて「誰が社会のメンバーか」という問い（【1部】に対応）、もう1つは、AI・ロボット、動物、

人間の間で相互行為、あるいは他者理解は可能か、という問い（【II部】に対応）である。「人間とは何か」の問いは、「誰が社会のメンバーか」や「相互行為や他者理解」をめぐる問いに結びついている。

　それらを問う視点には、指摘したように、AI・ロボットや動物の属性に注目する視点と、人間がAI・ロボットや動物にどうかかわるか＝関係するかに注目する視点とがある。次に、本書では、属性的アプローチと関係的アプローチのどちらの立場に立つかを示しておこう。第３章の社会のメンバーとは誰かを問う議論や第４章の相互行為・他者理解論、第５章でのポピュラー・リアリズムという考えには、関係的アプローチの視点が生かされている。しかし、本書のすべてが関係的アプローチに依拠しているわけではない。第２章では、人間や動物の属性が事実かどうかを問うのではないが、属性が人間や動物を包摂したり排除したりする理由づけの言説として用いられてきたことを論じている。第５章では、(AIによる)統計が、現実をリアルに映すものではなく、統計を作る人の解釈過程の所産であるとした点で、統計の属性を論じている。本書での一貫した立場は、人々の解釈過程に注目することである。したがって、人間とAI・ロボット、動物との関係に注目することは、本書の主要な部分であってもすべてではない。

　今までは「人間とは何か」に力点を置いて論じてきたが、もちろん、その問いは社会への問いと結びついている。改めて強調したい点は、一般にAIや動物を問う、その問いが、人間と人間の関係や、人間の社会のあり方を問い直すことになるという点である。AIや動物をめぐる研究は、実は人間や社会をめぐる研究なのである。そのことは、この分野での社会学的研究の特徴でもある。そして、それらを問う本書における理論の土台は、解釈的社会学、認知社会学、クーケルバークの関係的アプローチにある。それらについては、本論でも必要に応じて論じているが、序章ではそれらの特徴や相互の関連について概観しておこう。

第4節　ポストヒューマン研究のための3つの理論
──解釈的社会学・認知社会学・クーケルバークの関係的アプローチ

(1)解釈的社会学と認知社会学

　解釈的社会学は、基本的には、科学の世界ではなく、日常的世界に生きる人たちが、人、物、出来事、状況などを含めた「対象（object）」をどのように意味づけ＝解釈し、かかわっているかに焦点を当てる社会学である。そのような視点をもつ代表的な社会学理論には、ジョージ・ハーバート・ミードやその系譜に位置づけられるシンボリック相互行為論、アルフレッド・シュッツの現象学的社会学がある。日常的世界に生きる人たちが対象を解釈し、そしてかかわる仕方は、自らの実践的な（＝プラグマティックな）関心や動機に基づいている。そのあり方を示す典型的な概念として、ミードやシンボリック相互行為論では「パースペクティブ」、シュッツでは「類型」という概念がある。

　パースペクティブは、元来、絵画における透視法を指している。つまり、絵を描く時に、対象を見る人の視点から見えているように描くのが透視法である。したがって、同じものでも近くにあれば大きく描かれるし、遠くにあれば小さく描かれる。また、同じものでも、立ち位置によって、表側は見ることができるが裏側は見ることはできない。つまり、対象は、見る人の視点から見えているようにしか見えないのである。このことは、言い換えれば、日常的世界に生きる人たちは、自らの関心や動機から対象の特定の側面に注目し、そして、かかわっていることを意味している。このようなパースペクティブ性に注目することが、ミードやシンボリック相互行為論の出発点である（Shibutani 1955）。

　一方で、シュッツの言う類型も同様のことを意味している。なぜなら、シュッツも、日常的世界に生きる人たちは、対象のすべての側面に焦点を当てているわけではなく、その関心や動機から対象の特定の側面を焦点化していると考えているからである。そのメカニ

ズムを示す概念が「類型とレリヴァンス（relevance）」である。特定の状況において対象を類型化して解釈する時、対象のどの側面に焦点を当てるかがレリヴァンスの問題である。レリヴァンスは、関連性や重要性などと訳される。対象のどの側面に注目するかは、当面の関心や動機にとって何が重要か、あるいは関連性があるかによって決められる（Schutz 1964, Schütz & Luckman 1975）。そのようなレリヴァンスに対応して、類型は形成される。その限りで、類型は、パースペクティブ性を備えているのである。

　解釈的社会学は、シンボリック相互行為論やシュッツの現象学的社会学などが指摘するように、文字通り、日常的世界に生きる人たちの解釈過程に注目する社会学である。そして、その解釈はその人たちの実践的な関心や動機に依存している。その解釈が、カテゴリー化の作用によって行われていることに注目したのが認知社会学である。認知社会学は、本書での基本的な理論である。もちろん、シンボリック相互行為論も、パースペクティブ的な解釈が対象への名前づけによると考えていたし、シュッツも、解釈が類型化に依存していると考えていた。一方で、認知社会学は、名前づけや類型化に対応するカテゴリー化が、自己の構築や相互行為の構築＝社会の構築、さらに、自己や集合体の過去の構築など、自己や社会、あるいはそれらの過去を含めた構築過程全般を説明するものと考える。つまり、自己や社会を考える視点としてカテゴリー化の作用をより一般化したのである。

　自己や集合体をめぐるカテゴリーにはさまざまなものがある。今まで見てきたような人間や人類（ホモ・サピエンス）。また、その人間にはさまざまな「下位」のカテゴリーがある。役割、ジェンダー、セクシュアリティ、エスニシティ、白人や有色人種などのカテゴリー、組織や集団などの集合体のメンバー（＝「社会のメンバー」）などのカテゴリーがそれらに当たる。それらを、人間の下位のカテゴリーと表記したが、それらは単純に人間を上位とする下位のカテゴリーと言い切ることはできない。なぜなら、それらの下位のカテ

ゴリーのいくつかは、人間というカテゴリーから排除され、また、白人や男などの下位のカテゴリーが上位の人間というカテゴリーと同義なものと位置づけられてきた歴史があるからである。一方、人間というカテゴリーは、人間そのものに言及するカテゴリーを含んでいる。自己、内面、心、主体、脳、など。心理化の過程は、人間というカテゴリーをさらに心などに分解、分断したものだった。また、人間は脳に還元できるかという問いは、AI論の1つの主要な論点でもある。したがって、人間のカテゴリーにどのような他のカテゴリーが含まれるかは自明ではなく、交渉の所産でもある（詳しくは、片桐 2006 参照）。これらの人間というカテゴリーをめぐる問いについては、第2章のコスモポリタニズム論の文脈で再論しよう。

　解釈的社会学や認知社会学の視点について、人間がロボットをどう解釈し、かかわるかという例で考えてみよう。例えば、高齢者施設や病院では、高齢者や患者のためのソーシャル・ロボットや介護用のロボットの導入が進んでいる。その時、高齢者や患者、そこで働く人たちにとって、また、それぞれの個人によって、ロボットは癒しを求めるもの、仲間、あるいは、道具などとそれぞれ異なって意味づけされるだろう。一方、家庭では、人はロボットに娯楽を求めるかもしれないし、家事を手伝ったりする道具と見なすこともあるだろう。第4次産業革命期と言われる今日、工場でも、ロボットの程度は問わず、さまざまな産業用ロボットの導入がますます進むだろう。その時、ロボットは生産性を高める単なる道具と見なされるかもしれないし、共に働く仲間と認められるかもしれない。同様のことは、病院などに導入される医療用ロボットにも言えるだろう。このように、ロボットをどう解釈し、そして、かかわるかは、それぞれの人の関心や動機によってさまざまである。そして、その解釈やかかわり方は、名前づけ、類型化、カテゴリー化に依存する。伴侶、仲間、道具、機械、あるいは、そのままロボットなど、ロボットへの名前づけ、類型化、カテゴリー化はさまざまである。そして、それらは、ロボットへの解釈という営みを超えて、ロボットへのか

かわりを規定している。どのような状況でロボットをどのようにカテゴリー化し、そして、かかわるかはレリヴァンスの問題でもある。

　今まで、解釈的社会学、認知社会学の概要を紹介した。この時留意すべき点が3つある。1つは、解釈はあくまで具体的な相互行為においてなされるという点である。名前、類型、カテゴリーは単に頭の中にある観念ではない。それは具体的な相互行為において用いられ交渉される。それらは、第1章で見るブライドッティの言葉で言えば、状況に埋め込まれている。そして、日常的世界に生きる人たちは、そのことをとおして相互行為＝社会を達成、構築しているのである。第2に、解釈的社会学、認知社会学は主観的で、ミクロな社会学なのではない。そのことは第1の留意点とも関連する。確かに、日常的世界に生きる人たちの解釈過程は、それぞれの個人史に基づいているという意味で主観的で、ミクロ的ではある。しかし、解釈過程は、他者を前にした相互行為の中で承認、確認されたり、あるいは、拒否、修正されたりというように交渉的な過程である。その点で、解釈過程は決して個人的な営みではない。そもそも、名前や類型、カテゴリーは、人びとの間で共有され、「文化」に埋め込まれている。第3の留意点は、解釈は必ずしも意識的、覚識的（aware）ではないという点である。解釈が、意識、覚識せずになされることは、無意識的だということではない。解釈が行われた後で、何かのきっかけで意識化、覚識化されることもあれば、他者によって気づかされることもある。解釈の自明性とはそうしたことを指している。

(2) クーケルバークの関係的アプローチと解釈的社会学、認知社会学

　ロボットや動物の属性ではなく、人間との関係からそれらを研究する視点を主張したのがクーケルバークであった。その視点は、「関係的・現象学的アプローチ」と呼ばれるが、ここでは関係的アプローチと短縮しよう。ただし、（広義の）関係的アプローチ一般と区別する必要がある場合は、「クーケルバークの関係的アプローチ」と

表記する。クーケルバークの関係的アプローチについては、第3章で詳しく説明する（AI論全般については、coeckelbergh 2020b 参照）。したがって、ここでは、その概略を示すこと、そして、解釈的社会学や認知社会学との関連を示すことに目的を絞ろう。

　なぜ、属性的アプローチでなく関係的アプローチを取るかは、ロボットや動物の属性を問う前に、人間はすでにそれらを前にした時に関係をもっているからである。第2章で見るように、典型的な動物の権利論は、痛みの感覚の有無などという属性で、動物が人間と同じ社会のメンバーか否かを判断しようとする。しかし、すでに人間は伴侶などとして動物と関係をもっている。そのことは、ロボットとの関係においても同じである。クーケルバークは、「現れ（appearance）」という言葉をキーワードとする。つまり、ロボットや動物は、人間との出会いにおいて人間の側に何かを訴える存在として立ち現れ、人はそれを受け入れている。その関係は、属性によって一義的に決まらないがゆえに、それらに接する人たちの主観的な経験などに依拠して多様である。

　さらに、このような人間とロボットや動物との関係は、言語、あるいは言語の体系によって規定されている。それは、「伴侶」や「道具」などの言葉の場合もあれば、〈it〉と呼ぶか〈you〉と呼ぶかなどの人称代名詞の場合もある。つまり、ロボットや動物への言語による名前づけ＝カテゴリー化がそれらへの解釈の仕方やかかわり方を方向づける。したがって、関係は主観的ではあっても、社会的なものとしての言語に依存している（Coeckelbergh 2014）。

　ロボットや動物の属性でなく人間とそれらとの関係を問うという視点は、そもそも社会学的である。そして、クーケルバークの関係的アプローチは、関係、とりわけ人間の側の主観的な解釈やかかわりを強調する点で解釈的社会学と親和的であるし、それがカテゴリー化の作用に依存するとした点では、より認知社会学と共通している。ただし、クーケルバークは、AIなどのテクノロジーそれ自体の自立的な作用にも注目している。例えば、ロボットを前にした

時、「人間はロボットの使用者か、あるいは受け手か」という人間との関係がそこに立ち現れる。通常では、役割関係を担わない1対1の人間同士の関係においてそうした立ち現れはないだろう。しかし、そのようなロボットの現れも言語によって規定されているし、その言語も主観的な経験の作用を受けるという（Coeckelbergh 2015：186）。

このように見ると、クーケルバークの関係的アプローチは解釈的社会学や認知社会学と親和的なので、3つの理論を解釈的社会学として括ることも可能かもしれない。しかし、テクノロジーの自立性という考えは解釈的社会学や認知社会学には明確には見られないし（第5章注2参照）、解釈的社会学や認知社会学は、カテゴリー化の作用を含めた解釈過程に注目するが、人間・AI・動物の間の関係にのみ注目するわけはない。一方、認知社会学は解釈的社会学に出所をもっている。しかし、シンボリック相互行為論やシュッツの現象学的社会学などの解釈的社会学の範囲を越えている面もあるので、それらは1つには括れない。したがって、少し煩雑になるが、それぞれの見方を1つの用語で総称するのはやめて、それぞれの名前で呼ぶことにしよう。

▌終節　全体の構成

序章の最後に、次章以降のそれぞれの章のタイトルと概要を示しておこう。

第1章　ポストヒューマン論は何を問うのか ── 人間・AI・動物

第1章では、ポストヒューマン論とトランスヒューマン論の関連など、ポストヒューマンをめぐる議論を全体的、体系的に説明した。

ポストヒューマン論に関しては、主にブライドッティの見方に依拠している。ブライドッティは、ポストヒューマン論の特徴を、1つは、近代西洋の、白人、男性中心的な人間像への再考、もう1つは、AIや動物などの存在を排除してきた人間（人類）中心的な見方への

再考に求めている。

　第2章以降では、主に後者の脱・人類中心的な視点から、以下の2つの問いをとおして人間や社会について改めて考えていく。1つは、「誰が社会のメンバーか」をめぐる問い（【Ⅰ部】―第2章と第3章）、もう1つは、人間・AI・動物は相互に理解可能かという「相互行為・他者理解をめぐる問い」（【Ⅱ部】―第4章と第5章）である。

【Ⅰ部】　「誰が社会のメンバーか」をめぐる問い

第2章　人間の誰が社会のメンバーか
── コスモポリタニズムとポストヒューマン論

　第2章では、「人間の誰が社会のメンバーか」という問いを、グローバル化する今日の社会で注目されているコスモポリタニズム論を取り上げることで検討する。

　コスモポリタニズムとは、国家、地域、エスニシティなどの個別的な属性から人間を見るのではなく、普遍的な存在として人間を見て、それを望ましいとする見方である。一方で、コスモポリタニズムが念頭に置く人間には誰が含まれるのか、あるいは、コスモポリタニズムは人間の個別的な多様性を排除するのではないか、などのいくつかの問題点が指摘されている。

　本章では、これらのコスモポリタニズムのかかえる問題点を整理して、認知社会学の視点からその問いに答えた上で、コスモポリタニズムは動物にまで及ぶか＝動物は人間の社会のメンバーになるか、という問いについて動物の権利論などをとおして考える。

　そして、動物を社会のメンバーとするか、それともメンバーから排除するかの論理は、有色人種や女性などのマイノリティが排除されてきたケースのように、誰を人間に含めるか、また、誰を社会のメンバーにするかという、人間や人間の社会そのもののあり方を問う際にも重要な視点を提供する。章の最後に、そのことを指摘しよう。

第3章　ロボット・動物・サイボーグは社会のメンバーか
── ロボット・動物・サイボーグの権利論から考える

　第3章では、ロボット、動物、サイボーグの権利論をとおして、

ロボット、動物、サイボーグは、人間の社会のメンバーとなりうる
かという問題を取り上げる。

　その問題を見る視点は、主に、クーケルバークの関係的アプロー
チに求められる。ロボットや動物に権利を付与すべきか否かを、そ
れらが感情などの特定の属性をもつか否かという点から考える属性
的アプローチに対して、関係的アプローチは属性の有無ではなく、
人間がロボットや動物にどのような意味を読み込むか＝どのように
解釈するかに注目する。なぜなら、属性の有無にかかわらず、人間
はロボットや動物と実際に関係をもってきたからである。

　続いて、サイボーグとは何か、サイボーグがもたらす社会の分断
とは何かの議論をふまえて、サイボーグが人間と同じ社会のメン
バーになりうるかを考える。

　最後に、属性の有無ではなく、具体的な他者を前にした関係によっ
て社会のメンバーシップが成り立つという事態が、ロボット・動物・
サイボーグと人間との間に共通に見い出されることを指摘しよう。

【II部】　相互行為・他者理解をめぐる問い

第4章　AI・動物は理解できるか ── 相互行為・他者理解をめぐって

　第4章では、人間と、AIや動物をめぐる相互行為や他者理解の可
能性について考える。

　AIや動物は人間と相互行為ができるのか。その問題を考える時
にも、AIや動物が相互行為のための能力（＝属性）をもっているか
否かが問われてきた。AIをめぐるフレーム問題がその典型である。

　一方で、関係的アプローチは、AIや動物の属性ではなく、人間
がそれらをどのように意味づけるか＝解釈するかを問うものであっ
た。同様の視点は、解釈的社会学としてのシンボリック相互行為論
における、パッシング、物との役割取得、動機の語彙（vocabularies
of motive）などの考え方にも見ることができる。それらの検討は、
シンボリック相互行為論からポストヒューマン論を読み込む試みで
もある。そして、このような解釈的社会学の視点に立つことで、人
間とAIや動物との相互行為と、人間同士の相互行為との共通性が

はじめて見えてくることを最後に指摘しよう。

第5章　AIは偏見をもたないか —— AIとリアリズム

　第5章では、AIは、対象をありのままにとらえることができるのかという問いを、AIによるビッグデータの統計的分析のケースをとおして検討する。

　今日、哲学の分野を中心に、解釈的枠組みを排して、何らかの方法で〈もの〉自体を直接的に把握できるとするリアリズムの高まりを見ることができる。そして、その高まりは、専門家、日常的世界に生きる人たちを含めて、AIへのリアリズム的な見方を支えている。しかし、第5章では、哲学的リアリズムそのものを扱うのではなく、日常的世界に生きる人たちが、ビッグデータの分析結果など、AIの所産をいかにリアルなものとして解釈し、かかわっているかに注目する。それをポピュラー・リアリズムと名づけよう。

　一方で、リアルなものとされる統計そのものが解釈過程であることを指摘する。なぜなら、統計的分析では、それを作る人の偏見が前提となっていたり、データの選別過程に恣意的な意図が入り込んだりしていると考えられるからである。統計を分析する専門家も、日常的世界に生きる人たちと同じように、解釈的な実践をしているのである。

終章　人文・社会科学の危機？ —— 2つのポスト人文学

　終章では、ポストヒューマン論の中での人文・社会科学の位置づけについて検討した。

　脳のアップロードやナノテクノロジーによる身体の改造など、シンギュラリティ論が示すことはSF的であるとしても、AI研究や、遺伝子をめぐる分子生物学などの先端科学の発展の中で、社会のあり方が大きく変わろうとしている。それらは、いずれも自然科学の分野の研究によるものであり、それらに対して人文・社会科学は何ができるのかが問われている。日本でも、税金で運用される国立大学（法人）には文学部は必要ないという議論もある。ブライドッティは、それをポストヒューマニティ（ポスト人文学）の問題と呼んだ。

一方で、専門家の間での哲学的リアリズムや、AIは人間のような解釈を交えずに対象を客観的に、リアルにとらえることができるという、日常的世界に生きる人たちのリアリズム＝ポピュラー・リアリズムが浸透しつつある。これらの動きに対して、人文・社会科学や、その代表的な理論である解釈的社会学がどう応えるかが大きな課題とされている。それらの課題を確認することで本書を終える。

　なお、論旨の流れを重視してわかりやすく読んでもらうことを念頭に置いて本書を書いた。そのために、より詳しい内容や、論旨に直接にはかかわらないが関連している項目など、多くを本文に入れないで注釈（番号注）として記述、解説した。したがって、大通り（＝本文）だけを通って最後まで進むという読み方もあれば、路地（＝注釈）に入って、大通りと路地を行き来する読み方もある。また、この本を読み終えて、さらに読書や研究を深めたい人のために、基礎的な文献からより専門的なものまで、内外の関連する文献を包括的に文献注として指示し、必要に応じて注釈（番号注）でも解説を加えておいた。以上のことから、本書は専門書として書かれたものだが、ポストヒューマン論の分野での紹介書やテキストとして、また、ポストヒューマン（論）をとおして、人間（自己）、相互行為、「社会とは何か」を考える、社会学や社会心理学の分野での紹介書やテキストとしても幅広く利用できるものと思っている。

【注】

1　AI＝人工知能とは何かには、さまざまな定義がある。AIを人間の知能と同等、あるいはそれ以上のものと定義する人もいれば、AIは存在しないと考える人もいる（新井 2018：12）。AI研究者の松尾豊は、日本における13の定義を紹介している。松尾自身は、AIを「人工的に作られた人間のような知能、ないしそれを作る技術」と定義している（松尾 2015：45）。本書では、それを参照して、「人工的に作られた人間の（ような）知能と見なされている知能、ないしそれを作る技術（テクノロジー）」と定義しよう。AIの属性ではなく、人々がそれをどのように見なしているかに注目するのが、この定義のポイントである。また、原則、AIは知能あるいはテクノロジーであり、それを搭載したロボットやコンピュータなどは物や機械として区

分される。しかし、AIによる統計の産物のように、その区分が難しい場合には、AIが物や機械のように扱われることもある。したがって、AI、ロボット、テクノロジー、機械などの区分やその表記は、それぞれの文脈に応じて流動的である。

2 しかし、ハラリは、動物は本当にアルゴリズムに還元できるのかについて疑問を提起している。その点では、カーツワイルとは立場を異にする（Harari 2017：402［下246］）。

3 一方で、シンギュラリティの実現可能性に肯定的な意見をもつトランス・ヒューマニストにニック・ボストルムがいる（Bostrom 2016）。ボストルムのトランス・ヒューマニズムについては第1章で解説する。

4 関連する人類史の試みをさらに2つ上げておこう。まず第1に、マズリッシュと似た人類史を展開している哲学者にルチアーノ・フロリディがいる。フロリディは、自己理解のあり方から人類の歴史を分類した。第1から第3の時代は、マズリッシュのあげる3つの区分と同じである。それらは、太陽を中心とする宇宙観、人類と（他の）生物とを対等とする進化論、理性的な人間像の解体をもたらした無意識の発見という3つである。そして、第4の時代である現代は、コンピュータの出現によって人間が知性においてもっとも優れた存在であることを奪われた時代である。それぞれは、人間自らが中心で全能という人間・自己観を解体した点で共通している（Floridi 2014：ch.4.）。

　一方、理論物理学者のマックス・テグマークは、生命の歴史を3段階に区分している。ライフ1.0は、ハードウェアとソフトウェアの双方が進化する（＝進化によって制限される）段階、ライフ2.0は、ハードウェアは進化するが、ソフトウェアの大部分がデザインされる段階、そして、ライフ3.0は、ハードウェアもソフトウェアもデザインされる段階を意味している。現在の人間の社会はライフ2.0の段階に当たる（Tegmark 2017：ch.1.）。

　前者のフロリディの試みは、マイルドな人類史に対応し、後者のテグマークの試みは、カーツワイルのシンギュラリティ論での人類史に対応する。

5 その理由は、以下の点にある。脳のアップグレードのためには、第1に、コンピュータが人間の思考を読み取れること、第2に、コンピュータが、思考を出力してその中身を脳に送り込むことが必要である。こうした作業が可能と考えるのは、人間の脳がコンピュータと同じように、データのアルゴリズムによる処理の機械であるという人間観を前提としている。しかし、そのような人間観自体は未だに未確定であるし、仮に、人間を機械に類するものと見なすことができたとしても、コンピュータと脳の間のデータ交換には技術的に無限の困難がある（Reese 2018：260f.［357f.］）。

6 カテゴリー化とは、さまざまな事物を同一のものとして括る作用であり、それは言語（とりわけ名前づけ）の働きによる。

7 この点に関連して、リンダ・グレンは、人間概念の歴史を、奴隷、女性、

子供などの排除の問題から、動物やテクノロジーとの融合というポスト
ヒューマン的な問題まで、多角的に論じている (Glenn 2018)。

8　近代がもたらした人間というカテゴリーの成立が、現代社会では困難に
なってきたことを、社会学者のアンソニー・エリオットとチャールズ・レ
マートの個人主義論も指摘している。彼らは、近代初期から今日に至る個
人主義の発展を4つの段階に分類し、それぞれを、「古典的個人主義」「操作
された個人主義」「孤立した個人主義」「再帰的個人主義」と名づけた (Elliott
& Lemert 2006)。

　操作された個人主義と孤立した個人主義は共に大衆社会を背景としてい
る。「大衆」という概念は「個人」あるいは「公衆」という概念と対比され、
個性をもたない集塊 (マス) を意味している。それがイメージさせるものは、
社会的な関係 (中間集団＝媒介的関係) を奪われて、状況や欲望に流される
人間像である。操作された個人主義は、ファシズム下において、集権的な
国家に一元的に操作される個人を担い手とし、孤立した個人主義は、戦後
のアメリカ社会において、豊かな生活を享受しながらも、私的な存在となっ
た孤立した人たちを担い手としている。一方、再帰的個人主義は、伝統的
な個人主義が残した、国民国家、階級、近代家族などの帰属対象がグロー
バル化に伴ってさらに揺らぎ、自己や社会のあり方がますます不安定化し、
問い直されるように (＝再帰的に) なったことを意味している。このような
個人主義の3つの現代的な過程が、近代的個人主義としての古典的個人主
義の成立を困難としたのである。

　これらの個人主義以外に「新しい個人主義」を加えることもある。新しい
個人主義は、再帰的な個人主義の傾向がより深まっている段階を指してい
る。それは、再帰性が感情的な側面で深化していること、また、再帰性の
スピードが加速していることを指摘する点で、再帰的個人主義と区別され
る (Elliott & Lemert 2006, 2016)。この新しい個人主義については、第3
章でも取り上げる。

　一方で、「人間」への懐疑は、思想の分野ではミッシェル・フーコーの主
体 (subject) 論をはじめ、一般に、ポスト構造主義や構築主義におけるよ
うに、自己を言語的な構築物と考える視点に典型的に見い出すことができ
る。これらの論点には、ここでは立ち入らない。

第1章

ポストヒューマン論は何を問うのか
── 人間・AI・動物

第1節　ポストヒューマン論の系譜

(1)ポストヒューマン論の登場

　ポストヒューマンという言葉は、さまざまに使われている。カーツワイルの本の日本語訳『ポストヒューマン誕生──コンピュータが人類の知性を超える時』は、副題にもあるように「コンピュータが人類の知性を超える時」＝シンギュラリティを問題としている。人間はコンピュータあるいはAIに追い越されるのだろうか。より卑近な例では、人間の仕事はAIに取って代わられるのだろうか。こうした問いや不安によって、多くの人がポストヒューマンをめぐる問題に関心をもつようになった。しかし、カーツワイルの議論は、単にAIが人間の能力を超えるかといったいわばテクノロジーの問題にとどまらず、テクノロジーがもたらす「人間とは何か」という問いを発していた。シンギュラリティの1つの帰結は、人間のメカニズムが解明され、人間が病気をすべて治すことができるようになり、その結果人間の身体としての寿命が飛躍的に伸びることである。さらに、「人間とは何か」という点でより根源的なことは、人間の脳の情報がすべてAIに移し替えられることで、身体としての人間が死んでも、脳はAIの中に無限に生存しうると考えられた点だろう。そのことは、人間の生存において身体は必要とされないことを意味している。

　カーツワイルに先立ってポストヒューマンを論じ、この分野での

先駆けとなったキャサリン・ヘイルズは、ポストヒューマンを考える前提を次の４つに整理している。第１に、脳は、情報のパターンであり、生物的な属性は歴史的なアクシデントであること、第2に、デカルト以来、西洋の伝統において人間の理性的な場とされた意識は付随的な現象であること、第３に、身体は操作可能で、他の補完物によって拡張、置換することができること、第４に、人間は「知的機械（AI）」に接続可能であること。ヘイルズは、４つの中で、人間がAIに接続されるという最後の点が、ポストヒューマン論の最も核となる前提だと考える (Hayles 1999：2-39)。この４つの前提は、カーツワイルのシンギュラリティ論にも当てはまる。

　カーツワイルやヘイルズが言うように、人間の脳がAIに接続され、さらにそれらが他者の脳と接続されたら、そこに、意識とは、身体とは、あるいは、従来、個として独立していると考えられてきた人間観をめぐる根源的な問いが生まれるだろう。しかし、ポストヒューマン論は、必ずしもこうしたカーツワイルやヘイルズが問うような議論に限らない。

(2) ３つのポストヒューマン論

　序章でも見たように、ブライドッティは、ポストヒューマン論をポスト・ヒューマニズム論とポスト人類中心主義の２つに区分している。前者は、西洋近代に起源をもつヒューマニズムや近代的人間論に対応し、後者は、ヘイルズらが論じた問題、つまり種を超える人類の問題に対応する。ただし、ブライドッティが論じるポスト人類中心主義の議論は、人間の脳がAIをとおして他者とつながるといったSF的な話ではなく、バイオテクノロジーや情報テクノロジーなどがもたらす、より現実的な人間をめぐる問いである。その議論は、西洋的なヒューマニズム批判を中心に置いている点で、批判的ポストヒューマン論（あるいは批判的ポスト・ヒューマニズム論）と呼ばれる。同じように、西洋的なヒューマニズムを議論の基盤に置く見方に、トランス・ヒューマニズム論と「ヒューマニズムに基

づくバイオテクノロジー批判」がある。ここでは、ブライドッティのポストヒューマン論に焦点を当てるが、その前提として、トランス・ヒューマニズム論と「ヒューマニズムに基づくバイオテクノロジー批判」にふれておこう。なぜなら、その検討は、批判的ポストヒューマン論とは何かをより鮮明にするからである。

トランス・ヒューマニズム論と「ヒューマニズムに基づくバイオテクノロジー批判」は、立場は異なるがヒューマニズムや近代的人間観を擁護しようとする点で共通する。ただし、前者は先端科学がそれらをより促進すると考え、一方で後者は、バイオテクノロジーに代表される先端科学がそれらを危機にさらすと考える点で基本的には異なっている。

①トランス・ヒューマニズム

トランス・ヒューマニズムは、テクノロジーの発展がヒューマニズムの発展に寄与すると考える。人間は、誕生以来さまざまな道具の発明によって生活を豊かなものとしてきた。そのことは、石器や火の利用を可能とする調理具の発明にはじまり、啓蒙主義の下での近代科学の発展を経て現代に至っている。一方で、現在の先端科学の発展は、人間とテクノロジーの関係をより大きく変えようとしている。その象徴は、先に見たように、人間の脳の情報がAIにアップロードされ、人間同士の脳がネットワーク化されることだが、その実現可能性は高くない。しかし、そうしたテクノロジーの発展以前にも、遺伝子操作、バーチャルリアリティ、記憶の補填、薬による性格や行動の改変、アンチエイジング、性転換など、人間のあり方を大きく変えるテクノロジーはすでに働いている。トランス・ヒューマニズム論は、こうした現代における人間の改変が、有史以来の道具やテクノロジー、とりわけ西洋近代の啓蒙主義や近代科学による改変の延長線の上にあり、それらのテクノロジーは総じて、人間性＝ヒューマニティ、人間の福祉や幸福を高めるものだと考える。したがって、これらのテクノロジーによる人間の改変は、人間性を損なうものではなく、それを高めるものと位置づけることがで

きる (Bostrom 2005：1-10)。

②ヒューマニズムに基づくバイオテクノロジー批判

　一方、アメリカの政治学者フランシス・フクヤマやドイツの社会学者ユルゲン・ハーバーマスによるバイオテクノロジー批判は、バイオテクノロジー、とくにプロザックやリタリンなどに象徴される向精神薬を成人に投与することや、出生前の胎児の遺伝子を操作することが、人間性にどう影響を与えるかという問題に向けられる。両者の視点は似ている。つまり、人間性の尊重、あるいはヒューマニズムという前提があり、バイオテクノロジーの発展はそれを著しく阻害する危険性をもつと両者は考えるからである。人間性とは、フクヤマにおいては、「理性、道徳的選択、種に典型的な感情」というすべての人間が共有する特徴であり (Fukuyama 2002：174-175 [203])、ハーバーマスにおいては、「ライフヒストリーの責任ある起動者（著者）として自分を考えられるか、お互いを『対等な生まれ (birth)』として尊重することができるか」を意味している (Habermas 2003：29 [51-52])。そして、フクヤマは、向精神薬の使用や遺伝子操作が人間の性格や能力を変える点で、また、ハーバーマスは、出生前診断による遺伝子操作が人間の自律・自立的な行為を阻害する点、つまり、ライフヒストリーの責任ある著者ではない出生前の胎児に親が特定のライフヒストリーを強制する点において、それぞれの考える人間性を阻害すると指摘する[1]。

　改めて言えば、フクヤマやハーバーマスは共に、先端科学の代表としてのバイオテクノロジーが人間性を根底で阻害すると考えた。その点では、テクノロジーが一貫して人間性を補填し、高めると考えたトランス・ヒューマニズムの立場とは大きく異なっている。

③批判的ポストヒューマン論

　このトランス・ヒューマニズムと「ヒューマニズムに基づくバイオテクノロジー批判」に対して、第3に位置する立場が批判的ポストヒューマン論である。その視点に立つ人たちには、ブライドッティの他に、ドイツ人作家のステファン・ハーブレヒターやインドの文

学研究者のプラモド・ナヤールなどがいる。

　ブライドッティらの批判的ポストヒューマン論は、先端的なテクノロジーの発展の中で、新たに「人間とは何か」を問う必要性を主張する。そして、テクノロジーの発展が、人間、動物、機械の間の境界を曖昧なものとするがゆえに、人間再考の起点は、人間を動物や機械に対して中心的存在としてきた西洋のヒューマニズムを批判的に見ることに求められる。

　ナヤールは、人間が動物や機械といかに共生するかを示すために、「伝統的な尊厳、一貫性、自律性をもった人間を根底から脱中心化しなくてはならない」(Nayar 2014：2) と言っているし、ハーブレヒターも、古典古代やルネサンス以来のヒューマニズムの伝統をポスト・ヒューマニストの視点から根底的に批判することが、「人間とは何か」を問う際に重要だと言っている (Herbrechter 2013：16)。このように、批判的ポストヒューマン論は、トランス・ヒューマニズム論や「ヒューマニズムに基づくバイオテクノロジー批判」に対して、ヒューマニズムそのものを批判の的にする。そして、そのことが、先端的なテクノロジーによって人間の境界が曖昧となってきた現代における人間のあり方を問うために不可欠だと言う。

　批判的ポストヒューマン論の中でも、次にはブライドッティの議論を取り上げよう。なぜなら、ブライドッティの議論は、自身の理論的枠組をふまえて本格的にポストヒューマンを論じ、また、「人間とは何か」という問いを超えて、人間や動物、機械などを含めたメンバーによって構成される新たな「社会とは何か」という問いを発しているからである[2]。

第2節　ブライドッティのポストヒューマン論①
──近代的主体への批判

　ブライドッティの批判的ポストヒューマン論は、ポストヒューマンを、先端的なテクノロジーによる人間や社会の変化の問題として

だけではなく、西洋における伝統的な人間観への批判を含めて論じている点に大きな特徴があった。前者が、人類中心主義の問題であり、後者がヒューマニズムの問題（あるいは、コスモポリタニズムの問題）である。そして、ポスト人類中心主義論は、人類中心主義の後（ポスト）の問題を扱い、ポスト・ヒューマニズム論は、ヒューマニズムの後（ポスト）に生まれる問題を扱う。一般的には、先端科学の発展によって人間や社会がどう変わるかを論じるポスト人類中心主義の議論がポストヒューマン論に対応する。しかし、ブライドッティは、ポストヒューマン問題を、ポスト人類中心主義とポスト・ヒューマニズムの2つを合わせた問題としてとらえたのである。

　ブライドッティのポストヒューマン論は、2013年に出版された著書『ポストヒューマン（*The Posthuman*）』以降に本格的に展開されているが、ポストヒューマンの問題を見る視点は、それ以前のものを引き継いでいる。その視点は、理論的なものだけではなく、現代社会をどう見るかという視点の双方に渡っている。ブライドッティは、哲学者と分類されるだろう。しかし、彼女は、現代社会をどう見るかという点で社会学の視点を合わせもっているし、現代社会をどう変えるかという点で社会運動家の視点をもっている。

　ブライドッティのポストヒューマン論を見ていくために、はじめに、彼女の理論的な視点を概観しておこう。それはノマド理論と呼ばれる。

（1）基本的な視点としてのノマド理論

　ブライドッティはさまざまな著作や論文で自らの理論的立場を主張しているが、必ずしもまとまった形でそれを示しているとは言えない。しかし、『ノマド理論（*Nomadic Theory*）』（Braidotti 2011）の序論において、自らの理論をノマド理論とすることで、その概要をまとめている。

　ノマドとは、一般に、遊牧民から転じて移動や流動を意味する言

葉で、それは、固定や同一性に対立する。ノマド理論の重要なポイントは、大胆に要約すれば、次の2点に整理される。それは、自己の状況への埋め込みという見方と、身体と精神という2分的な考えを否定した生気論的な物質主義の2点になるだろう。状況への埋め込み＝状況づけられている（situated）とは、第1に、具体的な身体、あるいは形をもつこと（embodied）と、第2に、埋め込まれている、あるいは場を占めていること（embedded）である。つまり、人間は、具体的な形をもち（＝特定の身体をもち）、特定の場を占めて（＝特定の場で）生きているので、人間一般という存在はありえない。この考えは、普遍主義的な西洋的ヒューマニズム批判に通じている。一方、生気論は、デカルト的な精神と身体の2分論を否定し、同時に、人間を身体、つまりは機械であると考える人間機械論を否定し、身体に何らかの生の起点を求める考えである。デカルト的2分論は、精神と身体を2分的にとらえるだけでなく、そのことによって精神は身体を含めた対象を「客観的・科学的・理性的」にとらえうるとした。それに対して、生気論では、生身の（＝物質主義的な、あるいは物質としての）人間のもつ感情や想像力などの反理性的なものに、人間の解放の可能性が求められる[3]。人間が状況づけられていること、精神と身体の2分論を排し人間の感情や想像力を強調すること、この2つの基本的な視点をふまえた上で、次に、ブライドッティのポストヒューマン論を見ていこう。

(2)ポスト・ヒューマニズム論、あるいは近代的主体への問い

　ポストヒューマン論は、すでに述べたように、ポスト・ヒューマニズム論とポスト人類中心主義の2つを含んでいる。はじめに、前者のポスト・ヒューマニズム論を取り上げよう。ポスト人類中心主義については次の第3節で取り上げるが、両者は共に、従来の人間観への再考、あるいは批判に根ざしている点では共通している。

①近代的主体批判

　では、批判の的としての従来の人間観とは何だろうか。それは、

西洋の近代社会が生んだ人間（主体＝subject）観である。近代社会は、確かに従来の共同体の解体や、科学的で合理的な思考の発展をとおして、人間を個別的な共同体や、宗教を含めた非科学的な思考から解放した。それが、人間の発見であり、ヒューマニズムの起点である。しかし、そこでの人間というカテゴリーは、大きな問題をはらんでいた。第1に、そこでの人間（＝Man）は、男、大人、白人、健常者、キリスト教者など、社会の中で支配的、中心的、あるはノーマルと呼ばれる人たちに限定されていた。第2に、その人間は、自律や自立、理性的などの表現で示されるように、それ自身のみで成立する独立したものと考えられていた（Braidotti 2013：13f., 2019：ch.2.）。この2点がブライドッティの批判する点である。

第1の特徴は、必然的に、女、子供、有色人種、障害者、異教徒などの人たちを排除している。また、第2の特徴は、人間が独立したものでなく、他者との関係の中にあること、さらに、その関係が理性的なものでなく、感情的、想像的な特徴をもつことを見失っている。

これらの人間概念、あるいはヒューマニズム批判の出所は大きく2つに求められるだろう。1つは、近代的な人間、つまり、自律・自立し理性的と見なされたその人間が、ファシズムなどの非合理的で非人間的な出来事を生んだことであり、もう1つは、フェミニズム、ポスト・コロニアリズム、その他さまざまなマイノリティの解放運動によって、西洋的な人間（観）が批判されていったことである。とりわけ、フェミニズムの研究者であり活動家でもあるブライドッティは、従来の人間（＝Man）観が、ノーマルとは何かの尺度となり、一方で、そうでない、女、有色人種などの人たちを異質な他者として差別、排除してきた現実に注目する（Braidotti 2013：13-15［28-30］）。

では、こうした人間概念、あるいは近代西洋的なヒューマニズム批判は、すでに見たノマド理論とどう関連するのだろうか。ノマド理論の主要な特徴は、人間が状況づけられていること、そして、人

間が自律・自立した理性的な存在ではなく、感情的、想像的な側面をもつ存在であることに注目する点にあった。

　人間は、人間という一般的な存在である前に、男、女、あるいはその他のジェンダーやセクシュアリティの形＝身体をもっているし、人種やエスニシティの面でも、日本人などの形＝身体をもっている。つまり、具体化、身体化されているのである。また、形や身体の面だけでなく、特定の場や時代に生まれ育つことで、その場や時代の刻印を受けている。それらの状況づけは、避けることはできない。したがって、近代西洋が理念的に掲げた普遍的なものとしての人間はありえないし、それ以上に、こうした概念化は、本来状況づけられた人間のあり方を無視し、あるいは抑圧する働きをもっている。一方、西洋近代的な人間像は、それ自体が、自律・自立し、理性的な存在として描かれることで、他者との関係の中にある自己のあり方や、感情的、想像的な他者との関係をとらえ損なっている。こうした人間（＝Man）への批判は、ノマド理論に根拠をもっている。

　人間が状況づけられていること、また、独立した理性的な判断の担い手ではなく、さまざまな他者と関係づけられていること、これらの点からの人間（＝Man）への批判は、ポストヒューマンをめぐる基礎理論から現代社会の具体的な分析までにわたって、ブライドッティの議論の核を成している。

②社会学における自己像とブライドッティの近代的主体批判

　ここで、次のポスト人類中心主義主義の議論に移る前に、ブライドッティの近代的主体批判を社会学の理論と２つの点で対比してみよう。その２つとは、近代初期と現代における自己のあり方に関連している。

　第1に、西洋近代が生み出した人間を、その普遍性を批判しつつ、より状況づけられたものとしてとらえ直そうとする視点は、近代的人間像を逆転するものと言える。序章でもふれたように、社会学者のデュルケームは、近代社会における人間の成立に注目した。人間

は、国家、地域社会、階級、家族などの個別的な共同体のメンバーとして（あるいは状況づけられた存在として）自己や他者を認識するのではなく、それらに還元しえない人間一般という共通項によって相互を認識することで、個別的なそれらの属性から解放される。デュルケームは、個別から普遍への方向が、人間を個別的な考え方や行動様式から解放すると考えた。その典型的な原理が人格崇拝であり、人権であった。ブライドッティによれば、こうした近代西洋の普遍主義が、人間（＝Man）によって担われ、さまざまなマイノリティの人たちを、それ以外の他者として抑圧してきたがゆえに、個別から普遍へのベクトルを逆転し、普遍から個別（状況づけられたもの）へと転換しなくてはならないことになる。このような近代的自己像への批判が、デュルケームらの社会学的自己論にどこまで当てはまるかは検討に値する重大な問いである（Besnard 1973）。

　第2に、もう一つの近代西洋の人間批判の視点、つまり、理性的で独立したものとして人間をとらえるのではなく、関係的なものとしてとらえる視点は、いわゆるポストモダン的な自己（人間）観とも共通している。ドイツの社会学者ウルリッヒ・ベックらは、近代社会としての第1の近代の自己像に対して、現代社会としての第2の近代の自己像を次のように描いている（Beck, Bonss & Lau 2001：42-45）。その特徴は、第1に、自己は自律・自立した、独立した設計者ではなく、第2に、一貫した同一的なものでもなく、第3に、自己の境界の設定のあり方は他者との関係に依存することにある。その特徴は、独立した設計者であり、同一的で一貫し、自立・自律的とされた第1の近代の自己像と対立する。こうしたベックらの現代的な自己＝第2の近代での自己の規定は、ブライドッティの人間（自己）観とも共通する。なぜなら、彼女は、人間（自己）が自律・自立した、理性的な設計者ではなく、また、強固な同一性をもたず、他者に依存した状況依存的で関係的な存在だと考えたからである。その点では、ブライドッティの近代的主体批判は決して固有なものではなく、後期近代＝第2の近代、あるいはポストモダ

ンの自己像とも見方を共有している[4]。

第3節　ブライドッティのポストヒューマン論②
── 人類中心主義への批判

　ポスト・ヒューマニズム論は、見てきたように、従来、一般に、人間と見なされていたものが実は「人間（＝Man）」であり、そこでは、女、子供、有色人種、障害者、異教徒などの人たちが異質な他者として排除されてきたことを指摘した。しかし、それは、あくまで他の生物（有機物）や無機物を含まない人間という枠での議論であった。一方、ポスト人類中心主義論は、他の有機物や無機物との中での人間という種の位置づけを問う点で、ポスト・ヒューマニズム論とは区別される。そうした議論が登場したのは、さまざまな先端科学の発展によって、人間という種と他の有機物や無機物との境界が揺らいできたからである。そして、その議論においても、〈Man〉が他の人間に対して支配的なものとして考えられてきたことが批判されてきたように、人間という種が、とりわけ（他の）動物に対して中心的なものと考えられてきたことが批判の的となる。

（1）人類と動物や機械との境界の融解

　では、人間という種と、他の有機物や無機物との境界が揺らいできたとは具体的にどのようなことだろうか。一般に、ポストヒューマン論では、AIと人間との境界は何かという議論が盛んだが、ブライドッティは、AIやロボットの問題にはあまり言及していない。彼女が主に取り上げるのは、第1に人間と動物との境界の融解、第2に人間と機械との境界の融解である。

　まず、第1に動物と、人間という種の境界が流動化する問題にふれよう。近年の分子生物学、バイオテクノロジーなどの発展が、「人間とは何か」を改めて突きつけている。もちろん、人間と動物との関係は、今日の先端科学の発展以前から深く関連したものであった。

古くから人間は、動物を家畜として利用してきたし、犬や猫などをペットとして飼ってきた。また、さまざまなフィクションに見られるように動物は擬人化されてきた。これらのことから考えると、人間と動物との境界は必ずしも明確なものでなかった。しかし、現代の先端科学は、人間という種と動物との境界をより根本的に変えようとしている。

　その典型が、クローン技術などの動物への応用である。ブライドッティは、オンコマウスなど人間用に改造された動物をその典型として取り上げる。オンコマウスとは、ハラウェイが問題化したもので、人間の癌を研究するために特別に遺伝子を操作することで発癌させたマウスである。従来、動物は人間の科学的実験のために恣意的に利用されてきた。オンコマウスは、人間によって改造され、もはや「本来の」マウスではない。それは人間が自らの意図を組み込むことで改造したサイボーグと言える。また、クローン技術によって改造された動物の臓器を人間に移植するなどの事例は、研究のための利用を超えて、人間と動物との境界をより曖昧なものとする。これらの事例は、人間と動物との境界を融解する典型であり、同時に、動物が人間の恣意的な目的のために利用され搾取される典型でもある (Braidotti 2006：98f.)。

　第2に、機械との境界の流動化とはどのようなことだろうか。ブライドッティはその例を情報テクノロジーの発展に求め、それが人間の能力、とりわけ知覚能力を大きく変えた点に注目する。この場合、情報テクノロジーとは、主にコミュニケーション・テクノロジーと考えるとわかりやすい。

　人間は、誕生以来、道具や機械によってその能力を拡大してきたことは言うまでもない。とりわけ近代社会は、動力をはじめさまざまな機械を発明した。しかし、今日の情報テクノロジーの発展は、「工業的な機械類のピストンや軋み音を立てるエンジンとは異なる魅惑を放っている」(Braidotti 2013：90 [136])。なぜなら、情報テクノロジーの発展が人間の神経システムを変えたからである。具体的に

は、その発展は、知覚を拡大し外部化、つまり蓄積し複製すること
を可能とした。その例は、ジェット飛行機のパイロットの知覚がテク
ノロジーによって拡大されるといった「工業的な機械」の色合い
を残すものから、インターネットに象徴されるコミュニケーション
機能の飛躍的な拡大、さらに、記憶を埋め込むといったことまで幅
広い。それらの事例は、程度の差はあれ、人間と機械の境界の融解、
あるいは人間のサイボーグ化を意味している (Braidotti 2006：97,
2013：89-90 [136-137])。

　その中でもブライドッティが注目するのは、情報テクノロジーと
してのインターネットによる経済格差の拡大である。インターネッ
トは、その場にいない人との瞬時のコミュニケーションを可能とし
た点では、人間の知覚を拡大した典型的なテクノロジーである。イ
ンターネットを用いることで、人間はサイボーグ化したと言える。
しかし、その知覚の延長は人間に同等に作用しない。なぜなら、現
代のネオ・リベラリズム的な経済の下で、インターネットを用いて
投資し莫大な利益を得る人と、デジタル・プロレタリアートとの間
には大きな格差が生じているからである。デジタル・プロレタリ
アートとは、女性では、英語を公用語とする途上国で、世界中から
かかってくるインターネット電話で顧客に対応する人たち、また、
男性では、ゲームの開発のために一日中ゲームを試す人たちを意味
している。彼／彼女らは、低賃金で一日十数時間の労働を強いられ
る、グローバル化した情報社会が生んだサイボーグ化された新たな
プロレタリアートなのである (Braidotti 2006：49-52)。

(2)先端科学の発展と格差の拡大

　デジタル・プロレタリアートの例にあるように、ブライドッティ
のポスト人類中心主義の議論は、人間という種と動物や機械との境
界が流動化することを、現代のグローバル化やネオ・リベラリズム
的な経済社会の問題と絡めて論じようとする点で、社会学の視点と
も親和的である。

ポスト人類中心主義が論じたように、人類という種と動物や機械との間の境界が揺らぐことは、現実的な利害と大きくかかわっている。その事例は他にも多くある。先の例で言えば、化学実験に使われる動物は、多大な利益を生む薬品や食物の開発に欠かせないし、遺伝子の組み換えやクローン技術も、同じように、薬品や食物の開発に欠かせない。そして、デジタル・プロレタリアートの例にあったように、グローバル化した産業は、インターネットを用いることで働く場を世界中に拡散する。そこでは、科学技術を利用することで莫大な利益を得る層と、科学技術に酷使される層との間で大きな格差が生まれる。ブライドッティは、こうした先端科学と結びついた資本主義に注目する。それは、AI、ロボット学、ゲノム研究、ナノテクノロジーなどを媒介とすることで生まれる新たな資本主義であり、同時に、社会・経済的な格差を生み、人々の間にフラストレーションや怒りを生む資本主義である（Braidotti 2019：30）。

第4節　ポストヒューマン状況がもたらす新たな人間や社会とは何か

(1)ポストヒューマンの人間(自己)のあり方とは

　ポスト・ヒューマニズム論とポスト人類中心主義論を見ることで共通して言えることは何だろうか。ブライドッティは、3つの点を指摘する（Braidotti 2019：40f.）。

　第1は、人間・人類中心主義への再考である。ポスト・ヒューマニズム論は、人間が人間（＝Man）であり、そこから女、子供、有色人種、障害者、異教徒などの人たちが異質な他者として排除されることを批判した。一方、ポスト人類中心主義では、動物や機械に対して、（人類という）種の中心主義＝種差別が批判される。種の中心主義は、人間の科学的、医学的な目的のために利用するオンコマウスに象徴的に見ることができる。

　第2は、人間と他の人間、動物や機械との境界は決して決まった

ものではなく、その境界はそれぞれの関係に依存し、流動的なものだ、ということである。ノマド理論が前提とするように、ポスト・ヒューマニズム論においては、人間は独立したものでなく、他者との関係に開かれ、その関係に依存的なものであった。そして、ポスト人類中心主義の議論においても、種としての人間の境界も動物や機械に対して越境的、流動的なものと考えられた。

第3の特徴は、普遍的なものとしての人間や人類の存在に対して懐疑的なことである。そのことは、境界の越境性、流動性とも関連している。ノマド理論は、人間が、状況に埋め込まれたものであることを主張し、したがって、人間は状況を超えた普遍的な存在であると考えることを批判する。個々の人間は、特定の形（身体）をもち、特定の場を占めているし、感情的、想像的に相互に関係し合っている。また、種としての人類も、先端科学を媒体として、ますます動物や機械と越境的な存在となり、普遍的な人類とは何かに答えることは難しい。

こうした、ポスト・ヒューマニズムとポスト人類中心主義を貫く3つの特徴は、1. 人間や人類が、排外的で特権的な存在ではないこと、2. 人間の独立性ではなく、他者との関係性の中にそのあり方を見ること、そして、3. 普遍的な視点ではなく状況的な視点から人間を見ること、と端的に整理されるだろう。

このように、脱人間・人類中心主義的、関係的、脱普遍＝状況的という3つの視点からとらえられた人間は、人間（＝Man）や、種としての人類というカテゴリーによって従来とらえられてきた人間とは大きく異なっている。そして、社会とは「誰をそのメンバーとするか」を鍵として成り立つと考えれば、〈Man〉としての人間をメンバーとしたり、人類中心的な種としての人類をメンバーとして社会を想像したりする時と、ポスト・ヒューマニズムやポスト人類中心主義の洗礼を受けたポストヒューマンをメンバーと考える時とでは、そこで構築される社会は当然異なるはずである。後者の視点から考えられる社会が、ポストヒューマンの時代におけるわれわれ

(we) ＝「ポストヒューマンのわれわれ (we)」である。それは、どのような社会なのだろうか。次に、人間観の再考に基づく新たな社会のあり方＝ポストヒューマンのわれわれ (we) のあり方を見てみよう。

(2)ポストヒューマンのわれわれ(we)とは

「人間とは何か」、人間に何 (誰) が含まれるのかによって、それをメンバーとして構築される社会は変わってくる。ブライドッティは、人間や人類という既成の概念を批判することで、それらによって構築される社会のあり方、典型的には、コスモポリタニズム的な社会観を批判する。しかし、社会そのものの構築を否定するわけではない。では、現代社会をどのように見て、そして、新たな社会の構築をどのように考えたのだろうか。

ブライドッティは言う。「移民のグローバルな流れ、人口の移動、拡大する経済格差、大量の人の追放、増大する人種差別や外国人差別、拡大する戦争状態や気候変動が、現代の特徴である。……したがって、問題は、概念的であると共に倫理的である。テクノロジーに駆動される生、遺伝子的に改造された食物、ロボット学、合成的な生物学、海の酸性化、地球の砂漠化などの中で、この惑星の人間や非人間 (inhuman) のどのような主体がわれわれ (we) なのだろうか」(Braidotti 2019：43)。この表現にブライドッティの現代社会観は凝縮している。今までの議論をふまえて、もう少しわかりやすく説明してみよう。

ポスト・ヒューマニズム論において問題とされた人間 (＝Man) と、さまざまなマイノリティを含む他者との対立のはらむ問題、一方で、ポスト人類中心主義の議論で示された種としての人類と、動物や機械との関係のはらむ問題、それらは、単に現状を概念的にどうとらえるかという問題にとどまるものではなく、倫理的にどう見るかという実践的な問題としてとらえられなくてはならない。前者の、人間 (＝Man) とその他の他者との対立のはらむ問題としては、

先の引用文が示すような、グローバル化がもたらす経済格差、人種差別や外国人差別、戦争状態の持続などがある。その中には、情報テクノロジーがもたらす格差、つまり、インターネットでの、投資家とデジタル・プロレタリアートとの間の格差も含まれるだろう。一方、後者の、種としての人類と動物や機械との関係については、種としての人類によって搾取される動物や自然環境などの問題がある。

　上記の現代社会像で示された、人間（＝ Man）中心の差別や人類の利益中心の搾取は、人々を分断し、不安、嫌悪、パラノイア、ナルシズムなどの心理的状態をもたらしている（Braidotti 2019：156, 172, 177）。そうした、不安など心理的な観点から現代社会をとらえる視点は、現代社会を心理化する社会としてとらえる本書での視点と通じている。なぜなら、心理化する社会論は、社会が断片化することで、自己を位置づける枠組が社会ではなく心や精神などに移行したことに注目し、そのことが不安などの心理的な傾向を生み出すことに注目しているからである（片桐 2017）。

　一方で、ブライドッティは、現代社会が格差や差別によって分断され、そのことが不安などの心理的な傾向を生み出しているという現状の分析にとどまることなく、分断した社会や心理化した自己や社会を批判的、倫理的にとらえ、それに変わる新たな社会を構想しようとする。そうした姿勢は、現状を分断や不安など否定的、悲観的に見るのではなく、「アファーマティブ（＝ affirmative）」に見ると表現される。アファーマティブな倫理によって構想される社会が、ポストヒューマンのわれわれ（we）である。それは、どのようなものだろうか。とりあえず、アファーマティブな倫理をめぐるキーワードをまとめよう（Braidotti 2019：158-175）。

　状況性、越境性への注目、他者との痛みの共有、他者との関係のエンパワーメント、動物との越境する関係、他者と関係し倫理性を高めるコミュニティ、1つでもなく同じでもないわれわれ（we）、など。これらのキーワードをつなげれば、アファーマティブな倫理

に基づくポストヒューマンのわれわれ（we）とは、状況づけられた多様な他者のあり方を尊重しつつ、そして、他者への共感を土台としつつ、相互を高める（エンパワーメントする）コミュニティであると言えるだろうか。このポストヒューマンのわれわれ（we）は、「1つでも同じでもないが共に収斂する」存在でもある。しかし、その具体像は、明確に構想されているとは言いがたい。

　しかし、ポストヒューマンのわれわれ（we）像が十分に示されていないからといって、ブライドッティのポストヒューマン論の意義が損なわれるものではない。本書がブライドッティのポストヒューマン論を参照したのは、その議論を基にして、ポストヒューマン（論）とは何かを定義し、それ以降のポストヒューマン論全般の議論につなげるためである。したがって、ブライドッティの言うポストヒューマンのわれわれ（we）の議論を補うことは直接的な課題ではないが、結果的には「誰が社会のメンバーか」を問う第Ⅱ部の第2章と第3章が、その課題に応えるものとなっている。

　ここで、第2章以降での議論に移る前に、ブライドッティの理論への認知社会学からの批判的コメントをしておこう。そのコメントは、第2章以降へとつながる議論の流れとは直接にはかかわらないので、終節を飛ばして第2章へと読み進めてもらってもかまわない。

終節　認知社会学の視点から見たブライドッティの　ポストヒューマン論 —— 構築主義をめぐって

（1）ブライドッティの構築主義批判

　コメントは、構築主義をめぐる問題についてである。ブライドッティの用いる構築主義の用語は〈constructivism〉である。構築主義とは、基本的には言語論的転回以後の見方であると言っているが、それがどのような理論を具体的に指しているかは曖昧である（Braidotti 2006：12, 40）。また、言語論的な見方への批判を体系的に論じているわけではない。そのことをふまえて、ブライドッティ

の構築主義や言語への見方の問題点を考えよう。構築主義への批判は、認知社会学などへの批判とも関連するからである。

　ブライドッティの構築主義や言語への批判は次のような指摘に見ることができる。つまり、構築主義は、自然と文化を2分化し、自然は所与であり、文化は言語によって構築されるものとする。一方、ポストヒューマンの自己は、言語的に枠づけられるものでなく、物質主義的で生気論的であり、身体や形をもっており、また特定の場を占めている（Braidotti 2013：2［12］, 51［82］）。

　言語論的転回は、生成する自己のモデルとしては古くなる。つまり、ブライドッティは、身体をもち具体的な場を占め、一方で、理性的ではなく、感情や想像をもって対象にかかわるといった点からポストヒューマンの自己をとらえた。その見方は、言語による自己の構築という構築主義的な視点と対立するものとされる。そこには、言語＝文化＝理性と身体＝自然＝感情とを対立、あるいは対比的に考える視点が読み取れる（Braidotti 2006：40）。

　認知社会学は、カテゴリー化の作用から自己や相互行為のあり方を問う社会学である。言うまでもなく、カテゴリー化の作用は言語の働きでもある。では、カテゴリー化の作用を主題とすることは、身体、自然、感情と対立するのだろうか。それらの問題への認知社会学の視点を示すことで、ブライドッティの構築主義や言語への批判に応えよう。

(2) 〈身分け〉と〈こと分け〉の重層性

　カテゴリー化、あるいは言語化の作用と、身体、自然、感情との関係をどう考えるべきだろうか。まず、カテゴリー化は身体や自然、感情と対立するのではなく、それらと密接に結びつくものと考えられる。この点で依拠するのは、言語と、身体、自然、感情とを2分化する見方を批判し、両者を重層的にとらえた丸山圭三郎の見方である。丸山は、そのことを〈身分け〉と〈こと分け〉の関係として説明している。〈身分け〉とは、生物としての人間の対象に対するか

かわり（＝分節化）であり、〈こと分け〉とは言語による対象へのかかわり（＝分節化）を指している。この2つの関係を見る時に重要な点は、〈身分け〉が基層にあり、その上に〈こと分け〉があると考えてはいけないという点である。その考え方は、身体が自然なものとして基層にあり、それに言語＝ロゴスが覆い被さるといった、身体＝自然と言語＝文化の2分論を生む。そうした2分論に対して丸山は次のように批判する。つまり、そのような「仮説は『自然に還れ、ホメオスタシスを回復せよ。言葉と道具を捨てよ』という安易なロマン主義的人間学のワナに陥ってしまうであろう」と（丸山 1987a：173）。ブライドッティの物質主義的生気論が、そのような「ワナ」から自由か否かは、その評価の重要なポイントとなるだろう。ちなみに、エリオットは、ブライドッティのもつ生気論的、ロマン主義的な傾向を以下のように表現する。つまり、「多元的所属、地球的他者、パーソナルな強化などのブライドッティの生気論的、エコ・フェミニズム的批判は、60年代のヒッピー的集合主義に近い」と（Elliott 2021a：372）。

　こうした身体と言語の2分論的な見方に対して、丸山は、〈身分け〉も〈こと分け〉られていると言う。例えば、性的な快楽や恥辱、死への恐怖などの感情も言語化の働きによって生まれる。性的な行動、死などは生物的な〈身分けられた〉行動ではあっても、人間はそれを〈こと分ける〉ことによってしか経験できない。どのような対象に性的な快楽や恥辱を感じるか、また、死に対してどのような恐怖を感じるかは、言語化されているのである（丸山 1987a：201-208,1987b：189）。このような丸山の言語論から言えば、言語＝文化＝理性と身体＝自然＝感情といった2分法は成り立たない。こうした言語観を前提としながら、あくまでカテゴリー化の作用に注目することで、自己や相互行為のあり方を問う見方として自らの理論を限定する、それが認知社会学の基本的立場であることを最後に断っておこう。

【注】

1　ブライドッティは、フクヤマとハーバーマスが、西洋近代のヒューマニズムを前提とし、そのヒューマニズムは、男、大人、白人、健常者、キリスト教徒などの強者を前提とするものだと批判している。しかし、フクヤマもハーバーマスも、人間の尊厳が、男や白人などに限定されるべきではないと言っている (Fukuyama 2002：217 [251], Habermas 2003：56-57 [95])。

2　ハーブレヒターの議論は、批判的ポストヒューマン論の全般を整理するもので、その全体像を見るには便利だが、そこでは、彼独自の見方は必ずしも展開されていない。一方、ナヤールの議論の検討対象は、SF的な文学作品であり、必ずしも現代社会の現実的な問題ではない。ただし、ナヤールが、人間や動物などを含めた社会のあり方について、伴侶種という観点から論じていることは興味深い。その視点は、ブライドッティのポストヒューマンのわれわれ (we) の構想とも通じている (Nayar 2014：ch.6.)。

3　ブライドッティ自身の文章を参考までに引用しておく。「概念的には、ノマド理論は、具体化の考えや、通常、思考と言われるものが具体的な身体をもち (embodiment)、場を占める (embedded) 物質的な構造をもつことを強調する。それは、すべての境界を曖昧なものとする新しいアプローチの下で、精神と身体を結びつける生身の物質主義 (唯物論、materialism) である。精神が身体をもち、身体が脳をもつことは、デカルト主義や他の2分論の形式とは異なるノマド的思考のよりふさわしい根拠である。……ノマド的思考のスペースは、人間の合理的な思考には還元できない知覚、概念、想像力によって枠づけられている。生気論的な物質主義者がするように、ノマド的思考は、非有機的な事物であっても、あらゆる生に、自己感情という意味での意識の力を与えるものである」(Braidotti 2011：2)。

4　ベックは、第2の近代をポストモダン (脱近代、近代の後の時代) ではなく、第1の近代の延長線上にあるものと位置づけているが (第2章参照)、ここではそれらの詳細には立ち入らない。

【Ⅰ部】
「誰が社会のメンバーか」を
めぐる問い

第2章

人間の誰が社会のメンバーか
―― コスモポリタニズムとポストヒューマン論

　序章でも示したように、ポストヒューマン論を考える視点は2つあった。1つは、「誰が社会のメンバーか」を、人間中心に考えるのでなく、動物や、AIなどのテクノロジーや機械を含めて考えることであり、もう1つは、動物やAIなどと人間との相互行為や他者理解とは何かを再考することであった。第1部は、「誰が社会のメンバーか」をめぐる問いを課題とするが、そのはじめの章である第2章はコスモポリタニズムをポストヒューマン論との関連で、そのことを考える。コスモポリタニズムは、リベラリズムや共同体主義と並んで政治哲学の代表的な考え方である。コスモポリタニズムは、ジェンダーやセクシュアリティ、人種やエスニシティ、身分や家族、地域社会や国家などの個別的な属性を単位として社会を構想するのでなく、人間一般を単位として社会を構想する点にその特徴がある。しかし、第1章で論じたブライドッティのコスモポリタニズム批判にあったように「人間とは何か」は自明なことではないし、したがって人間によって構成される社会も自明なものではない。ブライドッティは西洋近代の人間（像）が〈Man〉を前提とすることを批判したが、それは同時にコスモポリタニズムへの批判でもある。一方、今日コスモポリタニズム論は、それを構成するメンバーが人間＝人類に限られず、動物を含むという観点からも再考されている。前者の、西洋近代の人間に対する批判は、ポスト・ヒューマニズムの論点に対応し、後者はポスト人類中心主義の論点に対応する。この章では、この2つの点から、コスモポリタニズムのあり方を検討しよう。

構成をあらかじめ書いておこう。今日のコスモポリタニズム論の趨勢は、グローバル化と密接に結びついている。第1節では、グローバル化の観点からコスモポリタニズム論を展望する。次に、コスモポリタニズム論の代表的な論者として、アメリカの政治哲学者であるマーサ・ヌスバウムを取り上げ、その議論と対比するために、ヌスバウムとは異なる共同体主義の立場に立つマイケル・ウォルツァーを取り上げる。第2節では、認知社会学の視点からヌスバウムのコスモポリタニズム論を再考する。第3節では、コスモポリタニズム論が、必ずしもグローバル化と関連するものではないことを示すことで、コスモポリタニズム概念の拡大を図る。それをふまえて、コスモポリタニズム論を、動物を含めて考えるポスト人類中心的なコスモポリタニズム論へと展開する。終節では、グローバル化の下で展開されてきたコスモポリタニズム論と、ポストヒューマン論でのコスモポリタニズム論をふまえて、人間というカテゴリーに誰を含めるか、そのことによって構築される社会とは何かを再考しよう。

第1節　コスモポリタニズムとグローバル化

(1)コスモポリタニズムの背景としてのグローバル化

　人間の平等を根拠にするコスモポリタニズムを唱えたイマヌエル・カントは、白人、有色人種が同一の人類（ホモ・サピエンス）に属することを認める一方で、その間には能力の大きな差があると考えていた。熱帯の国々では人間は急速に成熟するが、温帯の国におけるような完成の域に達することはないこと、そして、人類が完全性に達するのは白色人種においてであって、黄色人種は白色人種よりも能力が低く、黒人種はさらに劣っていること、という旨を『自然地理学』の中で書いている（Kant 1802, Harvey 2009：ch.1.）。有色人種が白人種に対して劣っているという認識を、コスモポリタン（世界市民）による恒久平和を提唱したカントがしていたことには、意外さと同時に（とりわけ有色人種にとっては）憤りを感じる。市

民革命を経て、人間の自由や平等、人権思想が唱えられる一方で、奴隷貿易が行われ、奴隷貿易を行っていた東インド会社の株を西欧の市民が買うことで利益を得ていたことを思えば、自由や平等で、誰でもが人権をもつとされる「人間」の中に、奴隷を含む有色人種は含まれていたのだろうか、あるいは、女性は含まれていたのだろうか、という素朴な疑問がわいてくる。

一方、今日では、コスモポリタニズム論は、政治哲学者のヌスバウムやデヴィッド・ヘルド、社会学者のハーバーマスやベック、地理学者のデヴィッド・ハーヴェイらによってさまざまに展開されている（古賀 2014）。今日のコスモポリタニズム論は、西洋近代が生み出した、カントに代表される伝統的なコスモポリタニズムへの批判に端を発している。そして、今日コスモポリタニズム論が注目されているのは、グローバル化という現象がコスモポリタン化をより促進しているという点ゆえである。現代的なコスモポリタニズム論の背景としてのグローバル化とは何かをベックに見ていこう。

ベックのコスモポリタニズム論を見る時、現代社会の特徴としてのコスモポリタン化（あるいは、コスモポリタン社会）と、あるべき姿としてのコスモポリタニズムを分ける必要がある。第1章では、第1の近代と第2の近代における自己像の違いに注目したが、ここでは、それぞれの社会のあり方の違いに注目しよう。ベックを含む、アンソニー・ギデンズやジグムント・バウマンらの代表的な社会学者による現代社会論を支える背景はグローバル化である。彼らは共に現代のヨーロッパで生きる中で社会学を構想した点では、社会的な背景を共有している。

第1の近代と第2の近代の（社会的）違いは、近代初期の時代と現代との違いに対応する。第1の近代は、国民国家、身分的な労働者、近代家族、そして、道具的な知への信頼という4つの特徴をもつ。第1の近代は、デュルケームやジンメルの言う個人化の進んだ社会だが、個人化のあり方は第2の近代である現代社会に比べ緩やかであった。経済活動は、基本的には地域という境界によって枠づけら

れ、その結果さまざまな制度が国家の領域に制約されていた。階級という身分的な属性が生きており、それは、経済的な側面だけではなく、労働者のアイデンティティやライフスタイルを規定するものであった。近代家族は性別役割分業に根ざす家族であり、それは、良い意味でも悪い意味でも、家族を安定したアイデンティティ付与の場とした。そして、道具的な知への信頼とは、自然の開発に象徴されるように、科学がもたらす社会の進歩への信頼を意味していた。

　一方、第2の近代は、第1の近代の4つの特徴をすべて根本的に変えた。つまり、グローバル化の発展による国民国家の脆弱化、身分的な階級の解体、性別役割分業に基づく近代家族の不安定化、原発事故や地球温暖化に象徴される科学技術への信頼の揺らぎ。それらは、合い重なって、制度の個人化やリスクの個人化をもたらした。つまり、従来、国家、階級、家族などが「社会」的、福祉的な機能をもってきたのに対して、責任やリスクへの対処が個人化したのである。

　コスモポリタン化は、こうした第2の近代を背景とする。第2の近代への視点なしに現代社会を描くことはできない。では、コスモポリタン化がグローバル化を背景とするならば、グローバル化とコスモポリタン化は同じなのだろうか。ベックは、コスモポリタン化がグローバル化と異なる点を指摘する。第1に、グローバル化の概念が国家の枠を最終的に残すのに対して、コスモポリタン化では、ナショナルなものとグローバルなものとが2項対立を超えて混交し、第2に、グローバル化が経済や政治的な分野だけの出来事であるのに対して、コスモポリタン化は、ライフスタイルやアイデンティティの問題として人々の日常的な生活に入り込んでいる（Beck 2008：93-94［101-102］）。

　グローバル化とコスモポリタン化についてのこのような留保を置くとしても、コスモポリタン化はグローバル化と結びつく現代的な現象である。しかし、コスモポリタン化とは何かを考える時により重要なことは、それが、個人化の過程と密接に結びついている点で

ある。ベックも、第1の近代に生きたデュルケームが、個人化をコスモポリタン化としてとらえていたことを指摘している。デュルケームが人間というカテゴリーの点から近代を見ていたことはすでに指摘した。ベックは、デュルケームの次のような指摘に注目する。つまり「人々は同じ社会集団のメンバーが人間としての特性以外に共通性をもっていない状況に向かって一歩ずつ進んでいる」と（Beck 2011：25）。この指摘は、国家、階級、地域社会、家族などの個別的な集団のメンバーとして自己をとらえるのではなく、それらに還元できない、あるいはそれらを超えた人間（＝個人）という共通項によって相互を認識し、それに基づいて社会を構築していくという事態を示している。

　改めて言えば、コスモポリタニズムは、コスモポリタン化という現状分析と切り離すことはできない。コスモポリタニズム（cosmopolitanism）とは、コスモポリタン化の傾向を望ましいものと見る「主義＝ism」であり、コスモポリタニズムはコスモポリタン化した社会の原理として不可欠なのである[1]。

（2）ヌスバウムのコスモポリタニズム論

　次に、現代的なコスモポリタニズム論者としてヌスバウムを取り上げよう。その理由は、第1に、そのコスモポリタニズム論が、認知社会学の視点と接点をもっていること、第2に、動物を含めたコスモポリタニズムのあり方（＝ポスト人類中心主義的なコスモポリタニズム）を検討していることにある。本書でのコスモポリタニズム論はヌスバウムから出発し、その批判的な展開を土台としている。ここでは、コスモポリタニズムについてのヌスバウムの同心円理論を取り上げ、続いて、第2節では、ヌスバウムのコスモポリタニズム論を認知社会学の視点から再考し、ポスト人類中心主義的なコスモポリタニズム論については、改めて第3節で取り上げよう。

　ヌスバウムの同心円理論とは何だろうか。同心円とは、生活圏の同心円的な広がりを意味している。円の中心には（固有な）自己

(self) がある。次の円には、家族、隣人や同じ街の居住者らの形成するコミュニティ、その次の円には、民族、言語、歴史、職業、ジェンダー、性などのアイデンティティに基づく集団が続き、一番外側の最も広く大きな円には、人類全体やそれが担う人間性が位置づけられる (Nussbaum 1996：9-10［27-29］)[2]。ヌスバウムはこの同心円理論を用いてコスモポリタニズムを説明する。つまり、コスモポリタニズムとは、内側の固有な自己にではなく、一番外側の円に属する人類や普遍的な人間性に特別な注意と尊敬の念を払うべきとする考えである。

この同心円理論をより深く理解するために、ヌスバウムとは対照的な共同体主義の立場に立つウォルツァーのコスモポリタニズム論、あるいはコスモポリタニズム批判を見てみよう。参照すべきは、「分割された自己 (divided self)」論である。それによれば、自己は、3つの点から分割される。第1は、利害関心や役割の点からの分割、第2は、自己のアイデンティティの面からの分割、そして、第3は、理想や価値の点からの分割である。第1の分割は、市民、親、職業などの役割上の分割に対応する。人々は、それぞれの役割に基づいて、それに伴う自己の責任や資格などの点から自己を定義する。第2に、自己は、家族、民族、宗教、ジェンダー、政治的な態度などの点からアイデンティティを構築する。第3の分割は、理想や価値の点での自己の分割であった。ただし、理想や価値は決して一様ではなく多元的で対立するものでもある。このように、自己はさまざまに分割されると共に、それらを含めた多元的で複合的な存在であることになる (Walzer 1994：ch.5.)。

そして、ウォルツァーのヌスバウムへの批判は、自己の固有性や複合性を離れて、人類一般や普遍的な人間性を語ることに向けられる。そうした自己への語りを「薄い語り」と呼び、その見方に対して固有で複合的な語りを「濃い語り」と呼ぶ (Walzer 1995：91［157f.］)。「濃い語り」への注目は、共同体主義者一般の自己観に共通している。

単純に比較すれば、ヌスバウムは同心円理論の外側にある人間や人間性に基づく社会の構築を目指し、ウォルツァーは、それに反して、自己の多元的で複合的なあり方に注目した。もちろん、両者の見方は、そうした単純な2分法で片付けることはできない。なぜなら、ヌスバウムは、人間の個別性や多様性を軽視することなく、多様で異なる人たちの立場に立ってその感情や欲求を理解することの必要性を主張しているし（Nussbaum 1996：Part Ⅲ）、ウォルツァーも、民主主義の基盤としてコスモポリタニズム的な人間への普遍主義的な見方を認めているからである（Walzer 1994： x［10］,古賀2014：340）。コスモポリタニズムをめぐる2人の論点にはこれ以上立ち入らない。確認すべきは、ヌスバウムにおいては、同心円の一番外側に自己を位置づけることでコスモポリタニズムが説明され、ウォルツァーにおいて、自己が、さまざまに分割された多元的で複合的なあり方に注目することで論じられた点である。

第2節　コスモポリタニズムへの視点

(1)認知社会学の視点

　ヌスバウムのコスモポリタニズム論は、コスモポリタニズムを考える本書での議論の出発点であった。それに対する批判にはさまざまなものがある。上で取り上げたウォルツァーの批判や、第1章で取り上げたブライドッティの批判はその典型である。ここでは、われわれ自身がヌスバウムのコスモポリタニズム論をどのように見るかの基本な視点を示し、それに基づいてウォルツァーやブライドッティのコスモポリタニズム批判にどう応えるかを考えよう。ここでの考察は、第3節以降のポスト人類中心主義におけるコスモポリタニズム論の検討においても土台となる。

　認知社会学は、カテゴリー化の作用から自己や社会のあり方を問う社会学であった。自己を定義づけるカテゴリーには、さまざまなものがある。役割、ジェンダー、エスニシティ、組織や集団などの

集合体のメンバー（＝「社会のメンバー」）のカテゴリー、自己そのものに言及する、心や主体、あるいはソーマ的な属性を示すカテゴリーなどがそれらに当たる。そして、人々がお互いにカテゴリーを付与する時、そこに相互行為＝社会が成立する。このような視点に立って改めて考えれば、コスモポリタン化とは、人々が、個別的な役割などのカテゴリーによって相互を意味づけるのではなく、人間一般として意味づける時の社会の生成、構築を意味しており、コスモポリタニズムとは、そうしたコスモポリタン化を望ましいとする見方を指している。コスモポリタン化、あるいはコスモポリタニズムへの認知社会学の見方に依拠することで、ヌスバウムのコスモポリタニズム論への批判を再考しよう。

(2)ヌスバウムへの批判再考
①ヌスバウムのコスモポリタニズム論への批判

　コスモポリタニズム論をわれわれの視点からどう見るかを論じるために、ウォルツァーとブライドッティのヌスバウム批判を改めて取り上げ、それを土台としてコスモポリタニズム論を再考しよう。

　ブライドッティによれば、伝統的なコスモポリタニズムは、自律・自立性、理性的な自己規制、道徳を内面化した近代的主体性を前提としており、それらを、人間に普遍的に見られる属性と考えてきた。しかし、こうした人間像は、男、大人、白人、健常者、キリスト教者などを念頭に置くものであり、その反対に、女、子供、有色人種、障害者、異教徒などの人たちを排除してきたのである。それに対して、ブライドッティは、女、子供、有色人種、障害者、異教徒、さらには人間以外の動物を含めた新たな対抗的なコスモポリタニズムの構築を提唱する。そこでの自己像は、伝統的なコスモポリタニズムが前提とする理性的な自己規制などに基づく自律・自立的な自己ではなく、関係的な自己である。それは、身体をもち、場を占める「生成する（becoming）」自己であり、ハイブリッド、ディアスポラ、クレオールといった多文化的な特徴を典型的な例としてもっている

(Braidotti 2013：25［42-43］, 48-50［77-80］）。このようなコスモポリタニズム批判は、ポスト・ヒューマニズム論として近代的主体を批判した視点と同じである。言い換えれば、コスモポリタニズム的主体は、同時に近代的主体でもある。

　こうしたコスモポリタニズム批判が生まれたのは、グローバル化の進展によって顕在化したマイノリティをめぐる問題をその第1の背景としている。ブライドッティは、カントにおいて典型的に示された伝統的なコスモポリタニズムが、個別的なものでしかない西洋の人間像を普遍的なものとするイデオロギーとして浸透することで、さまざまなマイノリティを抑圧してきたことを批判する。そして、伝統的なコスモポリタニズムが前提としてきた「人間」＝Manは死んだと言う（Braidotti 2013：52［84］）[3]。

　この批判は、ウォルツァーのヌスバウムへの批判とも共通している。ブライドッティは、自己が独立した固有なものではなく、具体的な他者と関係づけられ、生成的であり、また、そうであるがゆえに、特定の身体をもって特定の場を占めるものと考えた。その対極の自己は、特定の場や具体的な身体に拘束されることなく、したがって、それらの特性をもたない自律的・自立的で普遍的とされる自己、同心円の一番外側に位置する人間である。一方、自己の分割論にあったように、ウォルツァーにとって、自己は、市民、親、職業などの役割を担うものであり、家族、民族、宗教、ジェンダー、政治的な態度をもって、歴史や伝統の中に埋め込まれたものであり、さらに、多元的な理想や価値を担うものであった。したがって、自己の固有性や複合性を離れて、人類一般や普遍的な人間性を語る薄い語りに対して、固有で複合的な語りとしての濃い語りを求めたのであった（Walzer 1996：126［206］）。

②認知社会学から見たコスモポリタニズムとは

　これらの批判を受けて、ヌスバウムはコスモポリタニズム論の意義を社会化の普遍性に求めている。それは、こういうことである。赤ん坊は、確かに、特定の親、地域、文化などの多様な状況の中で

生まれ、また、特定の身体をもって生まれる。しかし、赤ん坊はそれらの特殊な条件を超えて、人間（両親）の微笑みに微笑みをもって返すように、生得的に人間の顔に反応する。このことを、ヌスバウムは「赤ん坊は、自分の両親の特殊性を学ぶ一方で、同時に人間の生の共通の特徴を発見している」と表現する（Nussbaum1996：141-142［228］）。この例は確かに、ウォルツァーやブライドッティの批判への1つの回答に値する。社会化をめぐる属性にコスモポリタニズムの基盤を求めることは、理性や自律・自立性などの固有な人間性、あるいは（次節で扱う）「可能力」などにその基盤を求める視点とも共通している。しかし、本書でのコスモポリタニズムへの視点は、こうした普遍性の本質的な属性を求めることには置かれない。

　繰り返しになるが、認知社会学は、カテゴリー化の作用から自己や社会のあり方を問う社会学であった。コスモポリタン化とは、人々が、個別的なカテゴリーによって相互を意味づけるのではなく、人間一般として意味づける時の社会の生成を意味しており、コスモポリタニズムとはコスモポリタン化を望ましいものとする見方であった。したがって、コスモポリタニズムの基盤は、人間の社会化能力、自律・自立性や理性などの本質的な人間の属性ではなく、「人間とは何か」をめぐるカテゴリー化の作用に求められる。この時、社会化の能力などの属性は、人間のカテゴリーを形成する言説として用いられると言えるだろう。そして、自己や他者をどのように定義するか、つまり、どのようにカテゴリー化するかは、一義的で固定的なものでなく、それぞれの自己や他者が埋め込まれた状況に依存して、交渉的なのである。

　そのことを、日本で起こった災害時の寄付の例で考えよう。寄付を集めた団体が、日本で募った寄付金をその災害の被災者のためだけに使うのではなく、一部を最貧国の援助のために使ったとしたらどうだろうか。その団体は、同じように困った人を援助することは当然と考えたのに対して、寄付した人は寄付金を日本の被災者への

援助でなく、その他の目的に使ったことに反対すべきだろうか。ここには、人間というカテゴリー化によって（あるいはコスモポリタニズムの観点から）、同じように困った人を助けるべきか、特定の災害の被災者という個別的な人に限って援助すべきか、についての考え方の対立がある。

　つまり、自己や他者を人間一般としてカテゴリー化するか、個別的な属性を担った者としてそれぞれのカテゴリーを付与するかは自明ではなく、ある場合は対立的で抗争的である。カテゴリーは、単に頭の中にある観念ではなく、具体的な相互行為の場面において交渉的に用いられるのである。その際に、「人間とは何か」、つまり、人間というカテゴリーにどのような人間が含まれるのかは自明ではない。ブライドッティが指摘したように、伝統的なコスモポリタニズム論では、その際の人間は男、大人、白人、健常者、キリスト教徒などであり、そこから女、子供、有色人種、障害者、異教徒などの人たちは排除されてきた。あるいは、ポストヒューマン論が提起しているように、人間のカテゴリーに動物やAIなどが含められるか否かは自明でない。

　そのことを確認したところで、次の論点に移ろう。コスモポリタニズムがグローバル化という背景の下で展開されてきたことは指摘した。しかし、コスモポリタニズムの概念は、そうした背景に限らずさまざまな意味を含んでいる。

第3節　コスモポリタニズムは動物にまで及ぶか
── ポストヒューマン論への展開

（1）コスモポリタニズム概念の拡張

　今日のコスモポリタニズムをめぐる議論はグローバル化を背景としている。そのことは、すでに指摘した。しかし、コスモポリタニズムの考えはより長い歴史をもっている。ヌスバウムの同心円理論は、ヘレニズムの代表的な哲学であるストア学派の考えに依拠して

いるし (Nussbaum 1996 : 8-9 [27])、伝統的なコスモポリタニズムの考えは、18世紀のカントの議論に由来するところが大きい。しかし、グローバル化した現代に至るコスモポリタニズム (論) の歴史は、いずれも人間をめぐる政治哲学の文脈で語られてきたという共通性をもっている。

コスモポリタニズム論はそれらに限定されることはない。その典型が、アメリカの社会学者アルヴィン・グールドナーが行った組織論での展開である。グールドナーは、組織内での専門家のように、研究に価値を見い出す人をコスモポリタンとし、組織に志向するローカル (組織人) と対比させた[4]。2つの理念型を設けることで主張しようとしたことは、ローカルな (個別的な) ものとしての組織を相対化し、それに対して批判的な行動を取るコスモポリタンの可能性である。その例にあるように、コスモポリタニズム概念を、ローカルなものを超えてより普遍的なものに志向することととらえれば、その概念の応用はさまざまに考えられる。

動物の権利論、とりわけ動物へのコスモポリタニズム的な視点もその一例である。コスモポリタニズムにしても共同体主義にしても、それらの政治哲学の議論はあくまで人間やそれによって構成される社会を前提としてきた。しかし、動物の権利論は、その人間の中には動物は含まれないのだろうか、あるいは、含まれるとしたら、その時、どのような社会が構想されるのだろうか、といった問題を提起してきた。それは、ポスト人類中心主義的な問いでもある。こうした研究は、第1に、人新世 (anthropocene) 論など、地球温暖化などの環境問題が人間だけでなく動物にも共通にかかわる問題であることへの認識の高まり (Adams 2020)、第2に、動物の知覚や遺伝子の改変、臓器移植などをめぐる分子生物学的な研究の発展、第3に、女性、子供、多様なエスニシティなどさまざまなマイノリティへの人権意識の高まりなど、多様な要因がその背景を支えている。その点でも、「人間＝人類」の枠を超えて社会のメンバーとは誰か、そして社会とは何かを考えることは、極めて今日的なポスト人類中

心主義的な問いと言える。そのために、コスモポリタニズムは動物にまで及ぶかについて考えよう。この節では、動物の権利論とコスモポリタニズム論に関する議論をまず紹介し、その議論をふまえて、次の終節で、人間や動物をめぐるコスモポリタニズムのあり方を認知社会学の視点から改めて検討し直すことにしよう。

(2)動物の権利論とコスモポリタニズム論
—— コスモポリタニズムは動物にまで及ぶか
①ハラウェイの「伴侶種宣言」

　動物を論じることで人類中心主義的な考えを批判した代表的な思想家に、生物学から出発したハラウェイがいる。ハラウェイは『伴侶種宣言』(Haraway 2003)や『犬と人が出会う時』(Haraway 2008)において自らの犬との関係を描いている。それは、アジリティ（犬の障害物競走）という、30メートルほどのコースに設定された障害物を、人間と犬が（人間の指示の下で犬が）スピーディに、そして正確にクリアする競技である。この競技に参加することで、人間と犬との関係が大きく変化する。つまり、人間と犬はこの競技をとおして、一体化し、「血や肉のレベル」で相互に相手を形作るようになる(Haraway 2008：ch.6.)。

　犬と人間の関係に見られるように、人間と伴侶種との関係は、人間と動物が永年、共に築いてきたつながりであり、その際、犬は行為の単なる受け手ではなく行為の主体である。このような動物と人間との一体化を示すことでハラウェイは、人類中心主義的な考えへの批判的な再考を促した。「伴侶種宣言」は、同じくハラウェイの「サイボーグ宣言」と対比される。サイボーグ宣言が人間と、非有機体としての機械との境界の融解を示したのに対して、伴侶種宣言は、人間と動物との境界の融解を示した。しかし、サイボーグと伴侶種を明確に分けることは難しい。なぜなら、伴侶種は、必ずしも犬のようなペットや家畜を意味するだけでなく、分子生物学が生んだオンコマウスのような人工的な動物も含んでいるし、さらに車椅子や

（近年では脳波によって動く装置としての）義手のような機械をも含んでいるからである。伴侶種とは、「網目状の生物的―社会的―技術的装置としての人間、動物、人工物、制度」を意味している（Haraway 2008：133［209］）。こう考えるとサイボーグと伴侶種との区別は曖昧で、伴侶種とは、一種のサイボーグとも言える。

いずれにしても、ハラウェイがサイボーグ宣言や伴侶種宣言で示したことは人間と動物や機械との境界の曖昧さであり、「人間とは何か」、あるいは社会とは何かを、人類中心主義的に考えるのでなく、機械や動物との関係で考えることの必要性である[5]。この基本的な視点をふまえて、コスモポリタニズム論の視点から人間と動物との関係をどう考えるべきかを次に見ていこう。

②コスモポリタニズム論から見た動物の位置づけ

動物の権利をめぐる議論は、ピーター・シンガーやトム・レーガンらの動物の権利論者によって1970年代以降に展開されてきた。ここでは、それらの議論全般を扱うのではなく、コスモポリタニズム論との関連で動物の権利論を取り上げよう。動物をコスモポリタニズム論の視点から問うとは、どこまで動物を人間と権利上同等のものと見なし、人間と同一の社会のメンバーとして位置づけるかを問うことである[6]。そのような観点から、動物をコスモポリタニズム論の中に位置づけたヌスバウム、人間と動物との政治的共同体のあり方を論じたスー・ドナルドソンとウィル・キムリッカの2つの動物論を取り上げよう。それは、両者がコスモポリタニズムをどう見るか、そして、人間と動物との関係をどう見るかの点で、対照的な見方を示しているからである。

・ヌスバウムの可能力論　人間社会のコスモポリタニズムを論じたヌスバウムは、動物の問題にも同様にふれている。それが、動物にも人間と同じような「可能力（潜在能力＝capability）」を認めるべきとする見方である。可能力とは、もともとは人間社会における正義の指標である。可能とか潜在という意味をもつのは、それが障害や貧困などのさまざまな条件によって妨げられていても、本来人間社

会が実現すべき指標だからである。人間社会における可能力を動物にも適用しようとしたのが、動物の可能力の議論である。それは、動物も人間の社会のメンバーであるという考えに根ざしているが、どこまで、人間と対等のメンバーであるかが問題である（Nussbaum 2004, 2006：ch.6.）。

　では、動物にはどのような可能力があるのだろうか。そのリストには、10の指標がある。1．生命の維持、2．身体の健康、3．身体への不可侵性、4．感覚・想像力・思考力、5．単純な感覚を超えた複雑な感情、6．目標をもち企画を立てる能力としての実践理性、7．友好関係、8．他の種との関係、9．遊び、そして、10．環境の統制。必要な点にのみふれておこう。第1の生命の維持は、すべての動物がその生命を維持する権限を与えられていることを意味している。第2の身体の健康とは、残虐な処遇や無視（ネグレクト）を禁ずることである。第3の身体への不可侵性は、暴力や虐待による身体への侵害に対抗する権利である。そして、第10の環境の統制は、正統な処遇を、人間を含めた社会に求める権利である。動物は、直接人間に権利を訴えることはできない。しかし、人間の大人は、子供の権利を子供に代わって保護するのと同じように、動物に対しても同様な義務を負っている（Nussbaum 2006：392-401 [446-456]）。

　つまり、動物も自らの生命を維持し、正当な処遇を受ける権利をもっており、そして、正当な処遇を所属する社会に訴える権利をもっていると、この動物の可能力論は訴える。この主張は、一見、人間と動物は同等の可能力をもち、人間と動物は同一の社会のメンバーであることを示しているようにも読み取れる。しかし、ヌスバウムは、動物を飼ったり捕らえたりして、その肉を食べることを禁じてはいない。その限りで人間は動物に福祉的な目を向けるが、動物を社会の対等なメンバーとは見なさい。したがって、ヌスバウムの動物論において、動物に対する人間の優位は変わらない。そうであるがゆえに、「善意ある階層化」といった批判がある（Wadiwel 2015：ch.7.）。

・ドナルドソンとキムリッカの「人間と動物の政治共同体」論　これに対して、キムリッカらは、人間の利益のために、殺害され奴隷とされ、拷問され監禁されないという権利が原則として動物にあると考える。その考えの基盤は、動物が「自己性 (selfhood)」をもつという点にある。自己性とは、感覚をもつことに見られるように、固有な主観的経験をもっていることである。そして、自己性は「人格性 (personhood)」と区別される。人格性とは、内省的な判断力をもつことである。人格性は動物の基本的権利の条件とはされない。なぜなら、そうすると、子供や重度の精神的・知的障害者のように（それが事実であるかどうかは大きな問題だが）人格性をもたないとされる人間をも権利の受け手から排除する可能性をはらむからである。したがって、動物は自己性をもつ限りにおいて、人間と同様の普遍的な基本的権利が認められるべきだと考える (Donaldson & Kimlicka 2011：24-25[36])。

　一方で、キムリッカらは、動物の権利が、人間と動物との関係の違いに応じて異なっていると主張する。それが、シチズンシップ、デニズンシップ、主権という3つの権利論である。そう主張する点で、ヌスバウムの動物論とは大きく異なっている。

　動物は、ペットや家畜のように人間の生活圏と密接な関係をもつもの、狸や狐あるいは野鳥のように固有な生活圏をもちつつも人間の生活圏と接点をもつもの、そして、人間の生活圏と接点をもたず独立した動物固有生活圏に生きるものの3つに区分され、それぞれは、飼い慣らされた動物 (domesticated animal)、境界動物、野生動物と名づけられる。そして、それぞれの動物には、自己性を土台とした基本的権利と同時に、シチズンシップ、デニズンシップ、主権という、人間との関係に応じた固有の権利が付与されるべきだと考える。シチズンシップとは、人間と同じ社会を構成するメンバーとしての権利である[7]。一方、デニズンシップとは、人間と接する生活圏に生きる権利であり、主権とは、野生動物が独自な生を営む権利である (Donaldson & Kimlicka 2011：ch6., 7., Donaldson &

Kimlicka 2013：2f., 144)。

・ヌスバウムの動物論とキムリッカらの動物論の違い　ヌスバウム
の動物論とキムリッカらの動物論の違いについて、2つの点を指摘
しよう。

　第1は、コスモポリタニズムについての見方の違いである。キム
リッカらは動物の権利を、飼い慣らされた動物、境界動物、野生動
物というように、それぞれの個別性に応じて異なる扱いをした。そ
の見方は、人間の社会を多文化主義の立場に立って論じる政治哲学
者としてのキムリッカらの視点を根にしている。それに対して、コ
スモポリタニズム的でないという批判がある（Cooke 2013)。確か
に、動物を一括りにするのではなく、動物と人間との多元的で個別
的な関係性を強調した視点はコスモポリタニズム的ではない。その
点では、コスモポリタニズムの立場に立つヌスバウムと多文化主義
の立場に立つキムリッカらの立場の違いが、動物の見方にも反映し
ている。しかし、この反コスモポリタニズムだという批判にどのよ
うな意味があるかはわからない。なぜなら、キムリッカらは、自己
性をもつすべての動物に基本的な権利を認めているので、その点で
はコスモポリタニズム的視点を否定しているわけではないからであ
る。

　第2は、動物の殺害についての見方の違いである。キムリッカら
は、自己性に基づく普遍的、基本的な権利をすべての動物がもつこ
とを前提として、人間との関係の中で動物の権利のあり方をそれぞ
れの条件に応じて検討した。動物を人間の利益のために虐待し、殺
害することを原則的に禁じ、さらに、飼い慣らされた動物に関して
は、それが人間と同等の社会のメンバーである＝シチズンシップを
もつと考えた点で、人間と動物との階層的な関係を前提とするヌス
バウムの可能力論よりもラディカルである[8]。

③動物はどこまで人間と同じ社会を構成するのか

　ブライドッティは、従来の人間概念が、理性的な思考と自律・自
立的な道徳的判断力をもつ人間、つまりは、男、大人、白人、健常

者、キリスト教徒などに代表され、そこから、女、子供、有色人種、障害者、異教徒などの人たちが排除されてきたことを批判した。そして、そのような批判をふまえ、動物を含めた多様なメンバーからなるポストヒューマンのわれわれ（we）の構築を主張した。その試みは新たなコスモポリタニズムの構築を目指すものだが、その具体的な像は必ずしも明らかではなかった。では、動物を人間と同じ社会のメンバーと見なし、社会を想像＝構築するとはどのようなことなのだろうか。

　2つの動物論は共に、動物を人間の社会に加えることを論じたが、どこまでそれを認めるかについては異なる見方をしていた。動物の肉を食べるのをやめるのはどこまで可能だろうか。牛や豚などの家畜（動物）に限らず、魚も痛みという感覚（＝自己性）をもつことが確認されれば、魚が腐らないように船上で生きたまま内臓を除去して保存することは言うまでもなく、食べることも批判されるかもしれない。食肉への忌避は、日本では典型的には、仏教的な自然観をベースとした金子みすゞらによって歌われているし[9]、また、ヴィーガンのような徹底した脱肉食主義の運動とも連動している。それがどこまで可能かという現実的な問題はそう簡単には解決されないだろう。こうした動物の権利論が抱える具体的でさまざまな問題には言及しない[10]。ここでは、あくまで、人間と動物とが同じ社会のメンバーであるとはどのようなことか、あるいは、人間というカテゴリーにどこまで動物が含まれるか＝誰が人間というカテゴリーに含まれるかを考えるために、ヌスバウムとキムリッカからの動物論を見てきた。その検討は、人間の社会とは何かを考える上でも重要な意味をもっている。そのことをふまえて、カテゴリー化と社会の構築という課題について、終節で改めて考えることにしよう[11]。

終節　カテゴリー化と社会の構築
── 包摂や排除の言説として用いられる属性

　キムリッカらは、動物の基本的な権利を自己性に求めた。自己性とは、感覚をもつことに見られるように、固有な主観的経験をもっていることであった。自己性を備える限りで、動物は、飼い慣らされた動物であれ、境界動物であれ、野生動物であれ、普遍的で基本的な権利をもっている。その一方で、この自己性は人格性とは区別された。人格性とは、内省的な判断力をもつことである。そして、自己性でなく、人格性を基本的な権利の条件とすることの問題点を、そのことが子供や重度の精神的・知的障害者などの人たちを基本的な権利から排除することになるからだと考えた。そこまでは、すでに指摘した。しかし、人格性を動物と人間の区別の条件にもち込むことがもっている別の問題を指摘する。それは、基本的な権利を付与すべき動物の範囲を狭める、あるいは、動物には基本的権利を付与する必要はないという考えを正当化するという問題である。それは、どういうことだろうか。人間同様に動物は自己性を備えているので、人間と同様な（殺害、奴隷化、拷問、監禁されないなどの）普遍的で基本的な権利を動物にも与えるべきだとキムリッカらは主張した。一方で、それに反感をもったり、あるいは反対したりする人たちは、自己性でなく人格性をもち出すことで、単に自己性をもつだけでは動物に基本的な権利を認める必要はないと主張する。つまり、人間と同じどのような権利を誰がもつかを決めることは、「誰が人間と同じ社会のメンバーか」を決めることでもあり、その範囲の設定は、人間社会への包摂や排除の働きをするのである（Donaldson & Kimlicka 2011：29［42］, Taylor 2017：ch.5.［125f.］）。

　このように、動物の権利論では、動物は痛みを感じるか＝自己性をもつか、人格性をもつか、あるいは、動物は可能力をもつかなどが、動物が人間と同じ社会のメンバーになるかの重要な基準とされた。認知社会学の視点から見れば、動物がそれらの属性を実際にも

つか否かではなく、それらの属性が人間を含む社会のメンバーを決定する「理由づけの言説（discourse）」として用いられるか否かが問題とされる。この時、改めて定義すれば、言説とは、人びとの間で直接、間接に語られたり書かれたりする、物事についての考えや説明を意味している。したがって、言説は、単に頭の中にある観念や言葉とは区別される。

　この包摂や排除のメカニズムは、人間というカテゴリー化の歴史が果たしてきた機能と同じである。批判的ポストヒューマン論は、近代社会が生んだ人間＝Manというカテゴリーが、男、大人、白人、健常者、キリスト教徒などのみを含み、そこからは、女、子供、有色人種、障害者、異教徒などの人たちが排除されてきたことを批判した。その排除の基準は、理性的な思考能力や道徳的な判断能力をもつこと、キムリッカらの言葉で言えば人格性であった。それらの能力をもたないから、女、子供、有色人種、障害者、異教徒などの人たちは人間というカテゴリーには入らない。したがって、人間の社会のメンバーとして認める必要はない。そこでは、理性的な思考能力や道徳的判断力を実際にもつか否かではなく、それらをもたないという言説が排除の論理（＝理由づけ）として用いられてきたのである。なぜなら、今日の常識的な見方からすれば、マイノリティの人たちがそうした理性的な思考能力や道徳的判断力をもっていないとは考えられないからである。しかし、そのような排除は決して過去のものではなく、例えば今日のアメリカでも、黒人（アフリカ系アメリカ人）の人たちがそうした能力をもたないとして（選挙権などの）公民権から排除されている事態を見ることができる。改めて言えば、人間のカテゴリーに動物を含めた誰を入れるか、あるいは、入れないかという包摂や排除の論理が、誰を社会のメンバーとするか＝社会をどう構築するかを決定するのであり、その際、能力などの属性がその理由づけの言説として用いられるのである。

　そして、人間のマイノリティや動物を人間の社会から排除するメカニズムは、AI、あるいは（AI）ロボットにも当てはまる。それは

こういうことである。AIが進歩し、それが人間を追い越すのではないかという不安が現実化する中で、AIはある分野では人間と同じ、あるいは人間を越えているかもしれないとされる。その一方で、人々は、AIは感情をもたない、想像力・創造力をもたない、あるいは死を自覚することができない、などとして人間と差異化し、人間の社会から排除しようとする（Turkle 1984：283-284［457-458］）[12]。

　動物を論じることは、人間やその社会の問題に密接に結びついている。福祉的で慈善的な権利か、あるいは殺害そのものを禁止する権利かを含めて、動物にどのような権利を与えるか、またそれをどの範囲の動物に与えるかは、人間の社会のさまざまな分野で大きな影響力をもっている。例えば、人間の食生活や（代用肉の開発や生産を含む）食肉産業のあり方、ペットの飼育や販売のあり方、動物園や動物を用いた（サーカス、スポーツ、ショーなどの）エンターテインメントのあり方、動物を用いた科学的な実験や研究のあり方、そして、野生動物を含めた環境保護のあり方などを考えればわかりやすい。しかし、ここで強調してきたことは、動物論は、「人間とは何か」、人間というカテゴリーに誰が含まれるのか、そして、それらのカテゴリー化によって構築される社会とは何かを考えるうえでも重要な示唆を与えるということである。そして、そのことは、AIを扱う際にも言えるだろう。

　さらに、付け加えるべき点は、カテゴリーは単に頭の中にある観念にとどまらないということである。認知社会学は、カテゴリー化の作用から「人間とは何か」、それによって構築される社会とは何かを検討する理論であった。自己や他者をどのようにカテゴリー化するか、誰を人間というカテゴリーに含めるかは、単に自己や他者への認知の問題を超えて、具体的な相互行為の場面において、自己や他者へのかかわり方を決定する。例えば、動物を人間というカテゴリーに加えることは、同時に動物を殺害、奴隷化、拷問、監禁しないというかかわり方を決定するからである。そして、そのカテゴリー化の過程は決して自明で固定したものではなく、承認や否認を

伴う交渉的なものである。認知社会学の観点から見れば、コスモポリタン的な社会とは、自己をめぐるさまざまなカテゴリーの中で、人間というカテゴリーを相互に付与することで成り立つ相互行為＝社会であった。

　ブライドッティの批判的ポストヒューマン論は、人間概念の多様化を主張して、ポストヒューマンの時代における対抗的なコスモポリタニズムを土台とするポストヒューマンのわれわれ（we）の構築の必要性を主張した。人間というカテゴリーに、人間の誰を含めるか、あるいは動物をどこまで、どのように包摂するかによってポストヒューマンのわれわれ（we）を構想することは、動物論を超えて、「人間とは何」か、またそれによって構築される社会と何かを考える上で重要であり、その検討は、認知社会学の視点と深くかかわっている。

【注】
1　ベックは、伝統的なコスモポリタニズムのもつ普遍主義的な前提には批判的である。その普遍主義が、自らの個別的な立場を人間一般に普遍的な見方であるかのように装い、異なる他者のもつ固有さへの理解を欠くことによって、他者を支配し、あるいは排除する側面をもつことを批判する（Beck 2002：409-410［342-343］）。
2　この同心円理論は、ヌスバウムがストア学派の考えを参照したもので、必ずしも彼女自身のアイデアではない。
3　ブライドッティは、ヌスバウムのコスモポリタニズム論が、こうした伝統的な人間観を引きずるものだと批判する（Braidotti 2013：ch.1.）。一方で、その議論において、コスモポリタニズムを全否定するのではなく、ポストヒューマンのわれわれ（we）の構想に見られたように、対抗的なコスモポリタニズムを提唱していることに注目する必要がある。
4　定義すれば、コスモポリタンとは、雇用されている組織には高い忠誠心を示さず、専門化したスキルや学会のような外部の準拠集団に強く関与する人であり、一方、ローカルとは、それとは逆に雇用される組織に強い忠誠心を示し、組織内部に準拠集団をもつ人である。コスモポリタンとローカルは、スタッフとラインのように職務上明確に区分されることもあれば、労働組合の活動家が、一方で政治家を目指す人と、一方で所属組織の活動に強く関与する人に分かれるように、職務では区別できないこともある

（Gouldner 1957：290）。

5　ハラウェイは、人類中心主義への再考が人類史の第4段階に位置すると言っている。人類中心主義を再考させた第1のトラウマは、地球が天体の中心ではないとしたコペルニクスによってもたらされ、第2のトラウマは、人類の歴史が特別なものではなく、生物の進化の中で位置づけられることを示したダーウィンによって、第3のトラウマは、人間が動物と異なる理性的な存在ではないとしたフロイトによってもたらされた。そして、ハラウェイが指摘した第4のトラウマは、人間が自らサイボーグであることに気づいたことである（Haraway 2008：ch.1.）。この分類は、序章で紹介したマズリッシュの区分と共通している。

6　動物をコスモポリタニズム論の観点から論じたものとして、ここで取り上げたもの以外に、（Mendieta 2012），（Nagai et al. 2015）などがある。

7　シチズンシップについてもう少し詳しく説明しよう。動物は、自分が何をしたいかを伝える能力をもち、社会的規範に従い協力する能力をもつ。そして、人間の規範に従ったり、ある場合は背いたりすることからわかるように、法の共同立案に参加できる能力をもっている。そうであるがゆえに、人間と同じ社会を形成しうる＝シチズンシップをもちうると考えられる。

　　具体的には、1. 基本的社会化の保障、2. 移動の自由と公共空間の共有、3. 保護の保障、4. 動物由来製品の利用の制限、5. 人間の利益のための動物労働の制限、6. 医療ケアの保障、7. 性や生殖の自由、8.（飼い慣らされた動物による他の動物の）捕食や食餌の制限（＝猫はネズミを捕っていいのか）、9.（協力者の援助による）政治的代表、という9つのシチズンシップの項目をキムリッカからはあげている（Donaldson & Kimlicka 2011：ch.5.）。

8　動物の権利論に関してもっともラディカルな視点に立つ論者として、オーストラリアの法学者であるディネシュ・ワディウェルがいる。彼は、人間は動物に対して圧倒的な暴力をもち、優位な立場にあるという現実から議論を出発させる。その暴力とは、間主体的、制度的、そして認識的（epistemic）な暴力のことである。第1の間主観的な暴力とは、動物を殺したり監禁したりするように、人間が動物に具体的な関係において加える暴力を意味している。その見方によれば、金魚を飼うことも監禁であり、それは、人間と金魚との間に成り立つ間主観的な暴力に当たるのだろうか。第2の制度的な暴力とは、と殺場や実験室のような暴力を加える制度における暴力である。そして、動物への暴力を考える際に何よりも重要なのが認識的暴力である。この第3の認識的暴力は、人間は動物に対して優位であるという認識に基づく暴力であり、間主観的な暴力と制度的な暴力の土台を支えている（Wadiwel 2015：9-10［26］, 33f.［41f.］）。

9　鰯の大漁を人間が祝う一方で、何万という「鰯のとむらい」があることを歌った金子の「大漁」は有名だが、金子には次のような「お魚」という詩もある（金子 2011：110-111）。

「お魚」

海の魚はかわいそう。

お米は人につくられる、
牛は牧場で飼われてる、
鯉もお池で麩を貰う。

けれども海のお魚は
なんにも世話にならないし
いたずら一つしないのに
こうして私に食べられる。

ほんとに魚はかわいそう。

10　動物との関係における「文化」的な違いについては、さまざまに指摘されている。動物の権利論は、人間を万物の頂点に置くキリスト教的世界観を基礎としており、一方で、動物界も人間界と同様、六道輪廻の一部と考える仏教的な世界観では、また異なる人間と動物との関係が指摘されている。ただし、キリスト教と仏教という、実体的な「文化」や「宗教」への還元論は避けなくてはならないだろう。

　　また、脱食肉の動きは、動物の権利の問題としてだけではなく、環境問題としても論じられているが、ここでは後者の問題には立ち入らない。

11　批判的ポストヒューマン論の立場に立つナヤールは、従来の人間概念がMan＝男、大人、白人、健常者、キリスト教徒などであることを批判し、それに代わって、女、子供、有色人種、障害者、異教徒などの人たちを含めた多様な人間概念の構築を主張する。そして、そうした多様な人間と伴侶種によって構築される社会の原則を「種のコスモポリタニズム（species cosmopolitanism）」と名づけている（Nayar 2014：ch.6., 150f.）。ナヤールが、人間と動物との境界の融解や、それとのコスモポリタニズム的な社会の構築の例として選んだのは、エイリアン（地球外生物）やバンパイア（吸血鬼）である。一方で、動物の臓器移植や動物との交配は、エイリアンやバンパイアほどSF的ではなく、近い将来に実現するかもしれない。その時に構築される伴侶種のコスモポリタニズムをどう考えるべきかという問いは意外と現実味を帯びている。

12　「ロボットは社会のメンバーか」という問いについては、次の第3章で改めて取り上げるので、ここでは議論を動物論に限定する。

第3章

ロボット・動物・サイボーグは社会のメンバーか
── ロボット・動物・サイボーグの権利論から考える

第1節　AIをめぐる人文・社会科学の研究
── エリオットのAI研究にふれて

　シンギュラリティという言葉が一般化するにつれてAIをめぐる話題がさまざまな分野で活発化している。もちろんAI研究は、その開発に限ってみれば自然科学の分野に深くかかわる課題だが、さまざまな人文・社会科学の分野の研究にもかかわっている。認知科学や心理学など、AI開発に関連する分野はもちろんのこと、その研究の裾野はその他の人文・社会科学の分野に広がっている（Elliott 2021c）。

　その中でも、AIについてその成立の当初からさまざまな発言をしてきたのは哲学の分野だろう。ヒューバート・ドレイファスやジョン・サールらの哲学者は、AIについての厳しい見方をAIの開発者に投げかけてきた。ドレイファスは、文脈に対応した思考や行為ができないというAI、ロボットが抱える難問を提示した。それは、序章でも紹介したフレーム問題である（Dreyfus 1972. 詳しくは、第4章参照）。フレームという言葉は、社会学ではシュッツのレリヴァンスやアーヴィング・ゴフマンのフレーム概念と共通している（第4章注2参照）。人間は、職場や家庭などさまざまな文脈に応じてふさわしい行為をすることが自明とされる。しかし、ロボットはそうした文脈依存的な行為ができないとされる。

　同様に哲学者のサールは、「中国語の部屋」という実験をとおし

て、「強いAI」と「弱いAI」という区分をした (Searle 2004)。中国語を全く理解していない人が、中国語による問いに対しマニュアル通りに対応して答えられたとした時、その人は中国語を理解していると言えるだろうか。サールは、単にマニュアル通りに対応するAIを弱いAIとし、内容を理解しうるAIを強いAIとして、現在のAIは弱いAIであると規定した。例えば、「わたしはあなたが好きだ」という日本語を「I love you」という英語に翻訳するAIは、その言葉の意味やそれに伴う感情を理解することができるのだろうか。現在のグーグルの翻訳機能は、登場した当初の翻訳ソフトに比較すると飛躍的に進歩している。それでも、それは言葉の意味を理解して翻訳しているわけではないので、あくまで弱いAIにすぎない。

　ドレイファスやサールの批判は半世紀も前にはじまったが、その後ディープ・ラーニングに象徴されるAI研究の進歩をふまえて、AIがドレイファスやサールの批判に応えるかについての議論も盛んである。

　一方、人文・社会科学の分野で議論が盛んなのはAIについての倫理の問題だろう。哲学や倫理学の分野はもちろんだが（水谷・越智・土屋 2003 など）、法学の分野でも多くの研究が見られる（稲葉他 2020, 宇佐美編 2020 など）。その議論の典型は、自動運転をめぐる責任の問題、企業や行政を含めた個人情報の利用をめぐる問題、そして、将来予想される裁判のAI化などの問題だろう。自動運転の問題は、事故が起こった時に誰 —— AI（あるいはAIの開発者）？自動車会社？ 運転手？ —— が責任をとるのかに象徴される。倫理的には、トロッコ問題に示されるように、複数の人を事故に巻き込む事態で、誰を救い、誰を犠牲にするのかという問題がある。個人情報の問題に関しては、個人のプロファイリング化におけるプライバシーの侵害や、そこに潜在する差別や排除の論理、あるいは監視社会化の問題などが議論されている（詳しくは、第5章参照）。また、将来予測される裁判の自動化も興味深い課題である。それは、従来の判決に関するビッグデータの中から個別の事例を分析し、AIが

判決を下すことを意味している。確かに裁判の短期化やコストの削減をもたらすかもしれないが、裁判のAI化は、「AIは偏見をもたないか」という第5章で取り上げるテーマとも深くかかわっている（宇佐美 2020：第7章）。

　これら、哲学や法学でのAIをめぐる活発な研究の進展に比べて社会学での研究はどうだろうか。社会学での研究は、AIの発展が仕事を奪うか、あるいは、ソーシャルメディアが人間関係をどう変えるか、などの論点に象徴的に見ることができる。その中でも、エリオットの近年の研究（Elliott 2019, 2021b）は、社会学の視点からAIについて多面的、包括的に論じたはじめての研究と言える。

　エリオットは、『AIの文化』（Elliott 2019）の中でAIの研究を大きく2つに分類している。それは、ポストヒューマンをめぐる論点と、AIが社会生活にどのように浸透しているかを問う論点の2つである。第1の論点は、ポストヒューマンやトランスヒューマンとは何か、あるいはロボットやサイボーグと人間の違いは何か、それらと人間の相互行為のあり方とは何かを問うものである。

　AIが社会生活にどのように浸透しているかを問う第2の論点は、エリオットとレマートによる新しい個人主義論の視点と密接に結びついている。エリオットらは現代社会や自己（self）のあり方を新しい個人主義として描いている。それは、再帰的個人主義がさらに深まった個人主義である（序章 注7参照）。新しい個人主義の指標は、再創造、スピード、インスタント性、エピソード化にある。それらの指標は、簡潔に言えば、社会や自己の再帰性のあり方がより深まっているという状況を意味している。その典型としての美容整形を考えるとわかりやすい。美容整形は、自己の変革（再創造）を、スピード感をもって、インスタントに、そして、自己の一貫性という物語の中にではなく、断片化したエピソードとして位置づける。その点で、美容整形は新しい個人主義の典型である。一方で、これらの特徴は自己のみならず現代社会の特徴でもある。AIの発展は、このような新しい個人主義を支えている。なぜなら、それは、経済のグ

ローバル化、労働のAI化、人間関係のバーチャル化などに象徴されるように、社会生活のさまざまな側面の再創造を高めているからである（Elliott 2019：41-51）。

エリオットは、AIをめぐる2つの研究の分類において、後者の視点、つまり、AIが社会生活にどのように浸透しているかに注目した。一方で、本書のAIへの視点はむしろ前者、つまりは、ポストヒューマンとは何か、人間と動物やAI・ロボットとの相互行為とは何かという点にある。その点で、社会学的な視点がどこまで使えるかを問うことが本書の課題である。人間とAI・ロボットとの相互行為や他者理解の問題は第4章で改めて取り上げることにして、本章（第3章）では表題にあるように、「ロボット・動物・サイボーグは社会のメンバーか―ロボット・動物・サイボーグの権利論から考える」という課題を検討しよう。

社会学にとって「誰が社会のメンバーか」という問いは、社会を考える上で不可欠の問いである。AIを含めた先端科学の発展は、従来の社会のあり方を変えるのだろうか。その問いに答えることは、AIを含めた先端科学をめぐる社会学的な研究にとって不可欠である。ただし、シンギュラリティの実現された世界のイメージは、脳がコンピュータによってバージョンアップされたり、脳の仕組みがすべて解明されて人間の生体が改造されたりと、SF的な世界が想定され現実味が薄い。だが、これから取り上げる2つの課題は、現代においても、社会について考える上で現実味を帯びている。

第1の課題は、「ロボットは社会のメンバーか」である。ロボットは古くは生産の現場に、そして、近年では福祉の現場や家庭などにソーシャル・ロボットとして実際に浸透している。サウジアラビアでは、ソフィアという名のロボットに「人権」が付与されてニュースとなった。また、ロボットと人間との関係についての議論は、ヒューマン・ロボット相互行為論（HRI）として、人間とロボットの相互行為のあり方をめぐる研究に見ることができるし、ロボットの権利や倫理の検討の中にも見ることができる。相互行為をめぐる

問題については改めて取り上げることにして、次の第2節では、「ロボットは社会のメンバーか」という問いを、「ロボットは人間と同じ権利をもつのか」をめぐる研究をとおして考えよう。その際、ロボットの権利の問題を、前章で取り上げた動物の権利の問題と関連づけて検討する。

　第2の課題は、「サイボーグは社会のメンバーか」である。シンギュラリティ論が示したサイボーグはSF的な話であっても、後述するように、サイボーグは決してSF的な存在ではない。人間は誕生以来サイボーグだったという考えもある。現代社会において、人間のサイボーグ化は、AIを含めた先端科学の発展によって飛躍的に加速したのであり、そしてさらに加速していくだろう。一方、サイボーグ化は社会の分断をもたらすと言われている。サイボーグ化した人間は、そうでない人と共に同一の社会を形成するのだろうか。それが、考えるべき第2の点である。第3節では、サイボーグ化による社会の分断について、次の終節では、動物やロボットへの関係的アプローチをふまえて、改めてサイボーグは社会のメンバーかについて考えよう。

第2節　ロボットは社会のメンバーか

(1)動物の権利論から考える —— 属性的アプローチの視点

　改めて断っておくべき点は、ロボットとは何かという問題である。ロボットは、一般に身体をもった、つまりは身体化されたロボットを意味している。ここで言うロボットとはその中でもAIロボットを意味している。ただし、何が身体かを定義することは難しい。チャットボットは、ロボットという名前がついているが、パソコンやスマホに映像上、あるいは音声上にのみ存在する。産業用ロボット（アーム）も、人間の身体の形とは随分違っている。自動運転車は、ロボットと言いがたいが、その道徳的、倫理的問題がすでに問われている。また、AIを搭載した兵器は、ロボットであっても、ソーシャ

ル・ロボットと同じようには人間との相互行為を考えることは難しい。したがって、人間とロボットとの関係を考える際に、検討対象をソーシャル・ロボットに想定して考えよう。ソーシャル・ロボットとは、ペット、ケア、サービス、セックスなどのために、人間の日常生活に浸透しているロボットである。したがって、ロボットは社会のメンバーかという問いは、ソーシャル・ロボットは社会のメンバーかという問いを意味している。

　「ロボットは社会のメンバーか」という問いを考える出発点として、第2章で扱った動物の権利論をはじめに取り上げよう。第2章では、コスモポリタニズム論との関連で、コスモポリタニズムは動物にまで及ぶか、動物は人間の社会を構成する同一のメンバーと言えるのかを考えた。キムリッカらは、動物は痛みなどの感情をもつゆえに苦痛から免れる権利をもち、さらに、飼い慣らされた動物は人間と居住の場や生活を共有するがゆえに、シチズンシップを与えられるべきだと考えた。次に、取り上げるヨハネス・マルクスとクリスティン・ティーフェンシーの論点は（Marx & Tiefensee 2015）、キムリッカらの動物論を批判的に問うことから出発し、「ロボットは社会のメンバーか」という問いを検討している。議論の出発点として、彼らの議論をはじめに参照しよう。

　まず、キムリッカらの動物の権利論をマルクスらはどう批判したのだろうか。その論点は次のとおりである。誰がシチズンシップをもつのか、ここでの観点から言えば、「誰が社会のメンバーか」は、権利をもつかどうかではなく、社会における義務をもつかどうかに求められる。動物は、確かに権利はもつが義務はもたない。したがって、シチズンシップをもつ資格はない。つまりは、人間と同じ社会のメンバーではないことになる。

　マルクスらは、動物が快を求め苦から免れる権利をもつことに同意する。この時、権利の保持者とは、快や苦を感じることができて、生がより良いように進むことを求める＝自己性をもつすべての動物を意味している。一方で、義務の担い手とは、自らの行為に道徳的

82

責任を取れる主体とされる。それは、言い換えれば、「道徳的主体（moral agent）」である。道徳的主体とは、自らの行為を理性的に評価し、それに基づいて行為をコントロールしうると同時に、義務を負う主体とされる。シチズンシップをもちうるのは、権利をもつのみならず義務を負うシチズンであり、それが政治的な共同体のメンバーということになる。このシチズンシップの定義からすると、動物はシチズンシップをもちえない。なぜなら、動物は権利をもっても義務をもつことができないからである。例えば、猫は、苦痛を避け、快を求める権利をもつが、ネズミを殺してはいけないという義務を負ってはいない。つまり、マルクスらは、シチズンシップを考える時に義務を考慮しなかったとして、キムリッカらの動物論を批判する（Marx & Tiefensee 2015：72-79）[1]。

　マルクスらは、次にこの動物の権利論をロボットに応用する。ロボットが、シチズンシップをもつか、という問いに対する答えは自ずから推測されるだろう。その答えは、ロボットは、動物のようには痛みなどの感情をもたないがゆえに、快を求め苦から免れるための権利ももたないし、いわんや、道徳的主体ではありえないので義務ももたない。したがって、シチズンシップをもちえないので、社会のメンバーではないということになる。ただし、これはあくまで現在のロボットに関して当てはまる考え方であり、将来、快や苦を感じるロボットが開発されたり、道徳的主体になりうるロボットが開発されたりすれば話は別となる（Marx & Tiefensee 2015：83-87）。

　ここでは、そうした可能性を問うことが課題ではない。マルクスらの動物やロボットの権利論やシチズンシップ論を改めて振り返って見た時、それらが権利や義務、あるいはシチズンシップをもつかどうかの基準は、快や苦などの感情の経験、理性的な思考とそれに基づく道徳的な判断力などに求められる。その視点は、彼らが批判したキムリッカらの議論でも同じである。なぜなら、キムリッカらも、あくまで快や苦を感じることを動物の権利やシチズンシップの

基準と考えたからである。つまり、動物やロボットは、こういう（感情、道徳的判断力などの）属性をもてば、権利、義務、シチズンシップをもつ、あるいはその逆に、こうした属性をもたなければ、権利や義務やシチズンシップをもちえない。そう考える点では、キムリッカらの議論も、彼らを批判したマルクスらの議論も同じである。このような考えは、属性的アプローチと言える。その点では、ヌスバウムの可能力論も同じである。

　動物の権利を属性の観点から考える見方の意義を否定するわけではない。しかし、動物が痛みの感覚などの属性を実際にもつか否かという属性の事実性にこだわると、少なくても現時点でのロボットが感情をもつことはないし、いわんや道徳的主体にはなりえないので、ロボットが社会のメンバーかという問いを立てることはナンセンスとなる。しかし、少なくともソーシャル・ロボットを考えればわかるように、実際には、ロボットは人間の日常生活に浸透し、社会のメンバーであるかのように見なされている。こうした現象は、属性的アプローチに立つ限り説明でない。そこで、注目するのが、（事実としての）属性でなく、人間と動物やロボットとの関係、言い換えれば相互行為である。そこで、人間が動物やロボットとどうかかわり、どのような意味を読み込むかという点に注目することで、動物やロボットが社会のメンバーとなりうるかを考えよう。序章でも取り上げたクーケルバークは、動物やロボットと人間とが形成する社会の問題をそのような観点から検討している。したがって、次には、「ロボットは社会のメンバーか」という問いを、クーケルバークの議論をとおして考えよう。

(2)属性的アプローチから関係的アプローチへ
── クーケルバークのロボット論
①動物の権利論への視点

　クーケルバークも、マルクスらと同様に、ロボットの権利の問題を動物における権利の問題と関連づけている。マルクスらは、動物

が道徳的主体でありうるかという問題を、従来の動物論に準じて、動物が快や痛みなどの感情をもつか、あるいは理性的な思考に基づいて道徳的な判断ができるか、などの属性を基準に考えた。この考えに立つ限り、現在のロボットが、そうした感情や道徳的な判断能力をもつことは難しいので、ロボットは徳的主体ではありえない、したがって、現在のロボットは人間と同じ社会のメンバーとはなりえないことになる。そこまでは指摘した。一方で、クーケルバークは属性的アプローチを批判する。それは、どのような論拠に基づくのだろうか。

従来の動物の権利論が動物の（事実としての）属性に依拠してきたのに対して、属性ではなく、動物に対する人間の関係から動物の権利を考えるべきだと考える、その論拠は次のような問いにある。まず、第1に、人間も苦を避け、快を求めるから、動物にもそうした権利を付与すべきとする考えは、あくまで人間中心的ではないかという問い。第2に、動物が快を感じ、苦を避けるという感情をもつことは、どうして観察できるのだろうかという問い。第3に、そうした感情を動物がもつことを観察できても、動物に権利を付与することはあくまで人間がすることではないかという問い、つまりは、そうした感情が観察できることと、権利を付与することは必ずしも結びつかないのではという問い。そして、最後に、動物に権利を与えるかどうかは、動物の属性にかかわらず制度化されているのではないかという問い。例えば、食肉用の動物とペットとしての動物を前にした時、動物の属性とは関係なしに、すでにそれらの動物への対応は決められている。そのことを、第4の最後の問いは示している (Coekelbergh 2020a：718-720)[2]。

属性的アプローチへのこれらの問いは、人間の権利を考えた時にも有効である。なぜなら、黒人や女性への権利を考えればわかりやすい。黒人や女性に選挙権などの権利を付与してこなかった根拠は、はじめは、黒人や女性に道徳的主体としての能力がないことに求められ、次に、それらの能力が認められたとしても、必ずしも即座に

権利が認めれるとは限らなかったという歴史があるからである。

　一方、動物の権利を考える論拠として、属性ではなく人間の動物へのかかわり、つまりは動物との関係＝相互行為に依拠して考えるクーケルバークの視点は、ロボットの権利を考える時にどのように展開されるのだろうか。

②ロボットの権利論への応用
　―― クーケルバークの関係的アプローチの視点

　クーケルバークは、属性的アプローチから動物の権利を考える視点を批判したが、同じように、ロボットの権利をその属性から考える見方を批判する。その批判点は、先の動物の権利論をめぐる問いに対応する。動物が感情や道徳的な判断力をもつことを観察することが難しいとすれば、現在のロボットがそうした属性をもつと考えることはさらに難しい、と考えると、ロボットの権利論はそこで終わってしまう。しかし、先の動物の権利論への問いが示唆したことは、たとえ権利付与にふさわしい動物の属性が観察されたとしても、権利の付与はそのことと即座に結びつくわけではないこと、その付与には社会的な要素が介入しているという点であった。つまり、ロボットの権利を考える時に、道徳性の根拠はロボットの属性ではなく、ロボットとの関係に求められなくてはならない。そのことを考える鍵がロボットの人間に対する「アピアランス（appearance）」である。アピアランスは、ゴフマンの用語としては「外見」と訳される。しかし、この場合「現れ」と訳した方がいいだろう。そこでは、ロボットの単なる形ではなく、ロボットが人間に対してどう（立ち）現れるかという、人間のロボットへの主観的なかかわりが問題とされているからである。この現れへの注目は、クーケルバークが、自らのアプローチを関係的、かつ現象学的なアプローチと呼んでいることにも由来する（Coekelbergh 2020a：161）。

　ロボットが感情や道徳的な判断力という属性をもつことは現在の時点では難しい。にもかかわらず、ロボットが蹴られたり放置されている姿を見た時に居たたまれなさを感じたり、一方で、ロボット

に癒しを感じたりする。そのことは、ロボットの属性からでは説明できない。この時、ロボットが人間にどう現れるかが重要となる。では、ロボットへ権利を付与することや、ロボットを人間と同じ社会のメンバーとして認めることは、ロボットの人間への主観的な現れのみに還元できるのだろうか。その問いに対して、クーケルバークは、第1に、動物やロボットと人間との相互行為が置かれた状況、第2に、言語的な働きに注目する。

　第1の点から説明しよう。動物に権利を付与し同じ社会のメンバーと見なすかは、その動物が、家庭にいるのか、あるいは食肉のために農場で飼育されているのかによって異っている。確かに、食肉のために農場で飼育されている動物を同じ社会のメンバーと見なすことは難しい。そのことは、ロボットが、家庭や高齢者施設などに置かれたものか、工場や戦場に置かれたものかによっても異なることと同じである。その状況には、「文化」的な背景も含まれる。日本と西洋社会では、ロボットの人間への現れが異なるからである。よく言われるように、西洋ではあくまでロボットは、物あるいは道具であり、人間とは距離を置かれた存在と考えている。それに対して、日本では、エンターテインメントロボットの開発が盛んであるように、ロボットは人間に近い存在と見なされている (Coekelbergh 2011b：201, Coekelbergh & Gunkel 2014：727)。

　ロボットの人間への現れを規定する第2の要素は言語の働きである。クーケルバークの関係的アプローチを考える上で、この言語への着目は重要である。家庭にいるペットと農場で飼われている動物の例で考えよう。すでに、この区別は言語化されている。同じ動物をペットと名づけるか、食肉用の動物と名づけるかの違いは、動物の現れを規定している。前者には、「コロ」や「ラッシー」などの固有名がつけられているのに対して、後者は、固有名をもたず多くは番号化されている、あるいは、固有名を付与すること自体が禁じられている。また、食肉用の動物は、生きている時と食肉にされた時の名前が違う。牛が〈cow〉から〈beef〉に変わり、豚が〈pig〉から

〈pork〉に変わるように。〈beef〉や〈pork〉と名づけられたものは、生を剥ぎ取られた物体であり、それらと人間との相互行為を考えることは難しい (Coekelbergh & Gunkel 2014：725-726)。

　このように、言語は動物の人間への現れを、人間が動物と出会う前にすでに規定している。そのことは、ロボットと人間との関係を考える場合にも当てはまる。言語は、その関係をめぐる社会的、道徳的な文法として作用する。例えば、ロボットを「それ＝it」と呼ぶか、「あなた＝you」と呼ぶかによって、ロボットの現れのあり方は大きく異なっている。社会的、道徳的な文法として作用するこうしたロボットへの名前づけ、あるいは言語的な働きは、ロボットの道徳的な位置づけにあらかじめ大きな影響をもっている。つまり、ロボットを伴侶と名前づけるか、道具あるいは奴隷と名前づけるかによって、そのロボットを人間と同じ社会のメンバーと見なすか否か、つまりは、〈it〉でも〈you〉でない〈we〉（われわれ）と見なすか否かは決まってしまうからである (Coekelbergh 2018：151, 2011a：65)。

（3）属性か関係かをめぐる問い

　クーケルバークの関係的アプローチから、ロボットの権利の問題、あるいは「ロボットは社会のメンバーか」という問題を検討してきた。そこでは、ロボットの現れとそれを規定する状況や言語の働きが注目された。ロボットの権利や道徳的な立場をどう見るかについての2つのアプローチ、つまり、属性的アプローチと関係的アプローチをふまえて、クーケルバークの議論のかかえる問題点を次に考えよう。

　関係的アプローチは、動物やロボットの属性ではなく、それらの人間への現れに注目して、それらと人間との関係を問うものであった。このアプローチは、人間と人間との関係を問う場合にも当てはまる。しかし、動物と人間、人間と人間の関係に比べて、人間とロボットの関係には大きな違いがある。それは、ロボットはそのテク

ノロジーの程度に応じて、人間との間に作る関係が違うではないか
という問いである。確かに、AIとは関係のない人形とも人間、と
りわけ子供は親密な関係をもつことがある。しかし、人形よりはる
かに人間との言語的な会話のできるロボットと人間の関係は、人間
同士の関係により近いのではないかとも考えられる。であるとする
と、人間とロボットとの関係は、ロボットの性能＝テクノロジーの
程度、つまりは属性によって規定されることになる。この問いに対
してどう答えるのだろうか。

　クーケルバークは言語が現実を構築するという視点に立つが、言
語還元論的な構築主義に対しては批判的である。この視点をロボッ
トに当てはめると、次のようになる。ロボットと人間の関係は、言
語によって作られるが、その関係は言語にすべて還元されるもので
はない。その見方は、ロボットの存在のあり方が言語の中に入り込
む、とも表現される。つまり、ロボットのテクノロジカルな存在＝
属性は、言語による関係の構築とは独立してあり、それは言語によ
る関係そのものを規定するのだということになる（Coeckelbergh
2011a：63）。そこに、ロボットの自立的作用に注目する視点の一
端を見ることができる。そのことは、クーケルバークの関係的アプ
ローチをまとめた序章でも指摘した。では、この見方は、属性的ア
プローチとどう違うのだろうか。

　言語とロボットの自立的作用との関係をめぐる問いは困難な問い
である。しかし、クーケルバークは、関係的アプローチが抱えるこ
の困難な問題に対して1つの回答を示している。それは、ロボット
と人間の関係が言語的に構築されるあり方を、具体的な相互行為に
見ようとするものである。人間がロボットとどのような関係を築く
のか、どのような意味をロボットに付与するのか、あるいは、ここ
での議論の文脈で言えば、ロボットにどのような道徳的な地位を付
与するのかは一義的ではなく、その遭遇の具体的な状況に依存して
いる。ロボットへの意味づけは言語によるものではある。しかし、
すべての人が同じような意味づけをするわけではない。意味づけは

特定の人の（ロボットとの遭遇体験を含めた）個人史、個人史の背景としてのナラティブ、個人の性格、あるいは、ロボットをめぐる接し方の「文化」的な違いなどが作用して多様である（Coekelbergh 2010：220, 2018：149）。

　さらに、ロボットのテクノロジーが高まったからといって、人間はそのロボットを人間と同じように扱うとは限らない。確かに、ロボットと人間の関係を考える時に、ロボットの属性を無視することはできない。しかし、不気味の谷という表現に見られるように、ロボットが人間に似すぎるとかえって関係はぎこちないものになるし、アザラシ型のロボットのパロのように人間に全く似ていなくても、人間はそれを仲間と思うこともある。また、「へえ〜」とか「そう」としか答えないチャットボットに対しても、それが未熟なテクノロジーとはわかっていても、その対応に本気で不快感をもってしまうこともある。つまり、ロボットへの対応は、それぞれの個人によって、また、その関係が置かれた具体的な状況に応じて多様であり、ロボットへの人間の対応を、ロボットの性能＝テクノロジーの程度によって一義的に考えることはできないのである[3]。

　これが、言語による構築と属性をめぐる問いに対して示したクーケルバークの回答である。その回答で、この問いがすべて解けたとは言えない。しかし、言語による関係の構築を具体的、経験的な場面において見るという考え方は、この問いへの1つの有効な答えであることに間違いない。そして、構築の具体的で経験的な場面に注目する見方は、解釈的社会学の立場につながるものでもある[4]。

　属性的アプローチと関係的アプローチを対比させながら、そして、動物論を参照しながら、「ロボットは社会のメンバーか」という問いを考えてきた。以降では、サイボーグと社会の問題を考えよう。サイボーグ化の進展は社会を分断すると言われている。分断化した社会では、サイボーグ化した人とそうでない人は同一の社会のメンバーたりうるのだろうか。その問いは、動物やロボットは社会のメンバーかという問いと同じ構図をもっている。

第3節　サイボーグ化と社会の分断

（1）生まれながらのサイボーグ

　まず、サイボーグとは何だろうか。サイボーグは「サイバネティックな有機体（cybernetic organism）」を短縮した言葉であり、人間と機械との融合体を意味している。「サイバネティック」とは、それが自己調整的なシステムであるということである（Clark 2003：14 [21]）。ここでは、機械だけではなく広くテクノロジーと融合した身体という意味でサイボーグを用いよう。

　サイボーグはSFの世界のもので、現在の現実的な生活の場面では無縁なものという印象をもつ。カーツワイルは、脳がコンピュータとつながることでバージョンアップされたり、人体がナノテクノロジーによって改造されたりといったシンギュラリティの世界を構想した。それは、テクノロジーと融合することで改造されたサイボーグの典型とも考えられる。しかし、サイボーグの存在は、SFの世界やシンギュラリティの世界に限られるものではない。

①トランス・ヒューマニズムのサイボーグ論

　はじめに、トランス・ヒューマニストとして括られるボストルムの見方を改めて参照しよう。ボストルムのトランス・ヒューマニズム論は、テクノロジーによる人間の身体の改造をテーマとしている。その改造された人間はサイボーグと名づけてもいいだろう。改造された身体の典型は、ナノテクノロジーによって獲得された、病気や死から解放された身体であり、コンピュータによってバージョンアップされた脳をもつ人間（トランスヒューマン）である。しかし、テクノロジーによる身体の改造はこうした典型に限らない。なぜなら、人類が近代医学によって身体を改造する、あるいは、より広く、科学的な知識によって世界や人間を改造していく思考そのものがトランス・ヒューマニズムの原点だからである。その意味では、テクノロジーによる身体の改造はSFや未来の話ではない。脳のバージョンアップやナノテクノロジーによる身体の改造に近いことは、すで

に現在にも見られるからである。それは、遺伝子操作、記憶の補填、薬による精神状態の改善、美容整形、アンチエイジングの医学、バーチャルリアリティなどに見ることができる (Bostrom 2005：3-10)。今日、脳波によって身体の機能を補強したり物を操作したりする技術が、初歩的ではあっても現実化している。これらを含めて考えると、シンギュラリティ論やトランスヒューマン論が言うようなサイボーグは決してSFや未来の話ではないのかもしれない。

②生まれながらのサイボーグ —— クラークのサイボーグ論

　こうしたサイボーグの現実性をより強調した見方に「生まれながらのサイボーグ」という見方がある。人間は生まれならにしてサイボーグだと言うアンディ・クラークは、その第1波を、ペン、紙、計算式や図表などに求め、第2波を携帯（スマホ）におけるようなオンラインでのテクノロジーと人間の融合に求めている。人間は、自らの考えを紙にペンで書き留めたり、計算する時に同じようにペンで紙に文字や計算式を書いたりする。思考を書き留めることや計算を紙の上で行うことで、人間は思考を外部化し、それを反省の的にすることができる。そうしたごく当たり前のことをしてきた人間は、すでにテクノロジーと融合したサイボーグなのだとクラークは言う。一方、今日の携帯（スマホ）の普及は、人間のサイボーグ化の第2波である。それは、従来の情報のテクノロジーとは比較にならず、人間を〈ここ〉という場から解放したからである。その解放とは、人間関係が〈ここ〉という場から解放されることから、物の遠隔的な操作に至るまで幅広い。こうした例から見れば、サイボーグ化は、やはりSF的でもなく未来を待って実現されるものでもない (Clark 2003：27 [40])。

　クラークのサイボーグの規定に関してもう1つ指摘しておくべき重要な点がある。それは、サイボーグとは、確かにテクノロジーと身体が融合したものだが、身体が一方にありそれがテクノロジーを利用するというように、身体とテクノロジーを2分的に考えてはいけないという点である。計算するという例を改めて考えよう (Clark

2003：77-78［124］)。計算することには、4つの要素がある。1つは、人間という生物的な脳である。第2は、ゼロや無限、10進法などの計算に関する概念である。そして、第3は、九九を覚えるなどの社会的な背景であり、第4は、紙やペンなどの資源である。そして、重要な点は、ペンや紙を使う計算が、単なるテクノロジーの問題ではなく、数に関する概念を用いて計算するという思考様式の問題とかかわっているということである。

　一度こうした思考様式を獲得した人間は、そうしたことを経験したことのない人間とは全く異なった計算に対する思考様式を獲得したことになる。つまり、テクノロジーは身体と融合することで、身体そのものを変えたのである。このようなテクノロジーを「透明な（transparent）テクノロジー」とクラークは呼ぶ。透明なテクノロジーとは、人間と融合して、それが用いられていることが見えないような（＝透明な）テクノロジーである。身体がテクノロジーと融合して身体そのものが変化したように、サイボーグ化はペンや紙という古代的なテクノロジーの時代からあったのである（Clark 2003：28［43］)[5]。

　サイボーグをどう考えるかを検討してきた。それを受けて、サイボーグの問題と社会の問題がどう結びつくかを考えよう。本節の次の（2）では、サイボーグによる社会の分断について考える。そのことをふまえて、サイボーグは社会のメンバーになりうるかという問いは、今までの動物やロボットの議論と関連づけながら改めて終節で取り上げよう。ただし、議論の前提として断っておくべき点がある。それは、サイボーグ化の契機（きっかけ）の問題である。クラークのサイボーグ論が念頭に置いたテクノロジーは、ペンや紙、携帯（スマホ）などであり、それは、透明なテクノロジーとして身体と融合するものではあっても、身体の〈外部〉から付与されるものであった。一方、ボストルムのトランス・ヒューマニズム論は、外部的なテクノロジーによる身体の改造にとどまらず、ナノテクノロジーなどによる身体の〈内部〉からの改造についても取り上げた。

この〈外部〉と〈内部〉の境界は流動的だが、サイボーグ化とは、この〈外部〉からと〈内部〉からの双方のテクノロジーとの融合を意味するものと考えよう。

(2)サイボーグ化がもたらす社会の分断 ──〈外部〉と〈内部〉

①〈外部〉からのサイボーグ化
── AIやインターネットがもたらす社会の分断

　ブライドッティは、インターネットに象徴される先端科学の発展が新たな格差を生んでいることを指摘した（第1章）。それは、インターネットを利用することでサイボーグ化した人間の間での格差、言い換えれば、投資で莫大な利益を得る層とデジタル・プロレタリアートとの分断であった。ここでは、ブライドッティとは異なる観点から改めてサイボーグ化と社会の分断について考えよう。

　先端科学がもたらす社会の分断には2つの側面が考えられる。1つはAIが仕事を奪い、階層的な格差を助長するという見方であり、もう1つは、携帯（スマホ）に代表されるインターネットによる社会の分断という見方である。

　AIが、近い将来において人間から多くの仕事を奪うだろうと言われている（稲葉 2019：150f., Harari 2017：326 ［下巻 152f.］）。例えば、事務的な仕事や自動車の運転などの職業がAIに代替されやすく、サービス業や小学校の教員など、人と人との接触を必要とする職業は残りやすい。その結果、AIによって仕事を奪われる失業者、AIには代替できない職業に就く人、そして、AIを開発したり運用管理したりする職業に就く人という、3つの職業的な階層に分断されると言われている。しかし、この3つの層の他に、仕事は奪われなくても、AIに使われる単純労働に就く人という第4の層を加えることができる（鎌田 1988）。この第4の層を示す1つの例は、まさにブライドッティの言うデジタル・プロレタリアートに求められるだろう。

　シンギュラリティの論者が言うように、脳がバージョンアップさ

れ、ナノテクノロジーによって身体が改造された新たな人間＝サイボーグが誕生し、そうでない従来の人間との格差が生まれるというSF的な話から見ると、AIによる職業的な格差やデジタル格差は、SF的なサイボーグとはまったく異なる現象のように思われる。しかし、クラークによれば人間は生まれながらにしてサイボーグであって、書くことや計算することもサイボーグ化のテクノロジーであった。AIというテクノロジーは、それが単なる道具にとどまれば新たな人間が生まれることはない。しかし、そのテクノロジーが身体と融合して、人間の思考様式を変えるとすれば、その時、新たな人間＝新たなサイボーグが生まれたと言えないだろうか。文章の作成や計算などのソフトを利用することは、ペンと紙を用いて書くことや計算することとは異なる思考の様式を形成する。同じように、人間や社会の仕組みがコンピュータのアルゴリズムによって解明されるという人間（自己）観、社会観も1つの固有な思考様式を形成する。AIに関するこれらの思考様式を身体化した人は、そうでない人とは異なる世界に住んでいると言えないだろうか（稲葉 2019：150f.）。AIの浸透によって職業間に格差が生まれるという問題は、異なる認知様式を身につけたサイボーグの登場による格差の問題に比べれば、その深刻さはより低いのかもしれない。

　一方で、インターネットの世界も、人間の思考様式に大きな影響力をもっている。なぜなら、人間のコミュニケーションのあり方を大きく変えたからである。ブライドッティは、インターネットがもたらす経済的な格差を指摘したが、ここでは別の意味での格差を考えよう。それを考える出発点はクラークのサイボーグ論にある。クラークは、サイボーグ化をもたらすテクノロジーの第1波を紙やペンなどに求め、第2波を携帯（スマホ）におけるようなオンラインのテクノロジーに求めた。第1波と第2波を区切るものは、コミュニケーションが〈ここ〉という場を超えること、また、そのことで生身の身体の拘束を超えるという点である。そのことは新たな社会の分断をもたらしている。その分断は、フィルターバブルの問題のよ

うに、インターネットによって同質的なサークル＝島宇宙が作られるといった問題に限らない。インターネットというテクノロジーを身体化した新たなサイボーグの生態をクラークは描いている。それは、対面的な人とのコミュニケーションではなく、ネット上の人とのコミュニケーションにリアルさを感じ、自分の生物的身体よりも電子的アバターに自分を同化するような、新たな身体感覚を身につけた人間の登場を意味している（Clark 2003：190-191［306-307]）。

　サイボーグ化が社会の分断をもたらすという見方は、AIやインターネットという新たなテクノロジーがそれと融合したサイボーグを生み、それらのテクノロジーと融合しえない人間との間に境界を生むという話から考えると、決してSF的な話ではない。一方で、シンギュラリティ論が描いた人間の身体の改造による新たなサイボーグの誕生や、それに伴う社会の分断という話も、今日の遺伝子などをめぐる分子生物学の発展によって、一面では現実味を帯びた話となってきている。次に〈内部〉からのサイボーグ化の例として、そのことを考えてみよう。

②〈内部〉からのサイボーグ化──遺伝子操作がもたらす社会の分断

　遺伝子操作や器官の改造が倫理的に大きな問題をはらむことは言うまでもない。トランス・ヒューマニストは、遺伝子に操作を加えた人間と、元のままの人間との間に格差が生じると指摘している（Bostrom 2013：19, Harrari 2017：353［下巻185]）。また、分子生物学者のリー・シルヴァーも同様なことを言っている。彼らが指摘する人間の強化には、人間のもつ遺伝子の改良による記憶力、知能、運動能力、性的能力の強化など、さまざまなものが含まれる。そして、これらの強化によって加工された人間は、新たな人間＝ポストヒューマン（あるいはトランスヒューマン）となり、従来の人との間に能力の上で大きな差異が生じる。シルヴァーは、そうした遺伝子の操作によって強化された人間を「ジーン・リッチ」と呼び、操作を加えられない従来の人間を「ナチュラル」と名づけている。そして、両者が永年接触しないことによって全く異なる種になる＝

交配ができない異種になると指摘する（Silver 1997：285［298］）。

　遺伝子の操作によって人間の間に格差が生じ、両者が異なる種となるという話はSF的のように思われる。しかし、デザイナーズ・ベイビーのテクノロジーや、脳波による身体の強化などのテクノロジーが現実化していることを考えると、〈内部〉からのテクノロジーによる格差の拡大も、思われるほどそうSF的ではないのかもしれない[6]。一方、知能や美貌の向上のために、栄養を摂取したり教育を利用したりすることは、遺伝子操作などによって〈内部〉から能力を高めることと紙一重ではないだろうか（Silver 1997：275-276［288］）。小さい時から、知識やマナー、音楽やスポーツなどのさまざまなハビトゥス（身体化、習慣化された振舞い方や感じ方）の習得に恵まれ、それを基にして学歴や人脈を築いて階層を上る人と、そうしたハビトゥスの獲得機会に恵まれずに育った人とが、相互に出会うことなく、したがって結婚（交配）することもなく異なる階層を形成する。そのことと、ジーン・リッチとナチュラルがそれぞれ異なる種を形成することには、そう大きな違いはないのかもしれない。そして、そのことは、貴族と市民（平民）などの伝統的な身分格差にも言えるだろう。ただし、格差をめぐる理由づけの言説としての属性が、能力、育ち、生まれなどから遺伝子に代わるという点を除いては。

終節　サイボーグは社会のメンバーか
──ロボット・動物・サイボーグ論の連続性

　サイボーグ化がもたらす社会の分断について2つのケースを検討した。1つはAIやネットのテクノロジーなどの〈外部〉からのサイボーグ化による分断であり、もう1つは遺伝子操作など〈内部〉から身体を改造されたサイボーグ化による分断である。とりわけ、後者では、ジーン・リッチとナチュラルのように異なる種が形成され、交配することもできなくなるという。このジーン・リッチとナチュ

ラルという異なる種とされる人間は同一の社会を構成することはないのだろうか、という問いを次に考えよう。なぜなら、〈内部〉からのサイボーグ化がもたらす社会の分断は、人間やその社会を考える時に、より根源的な問いを発すると思われるからである。そして、それを問うことは、人間と動物、人間とロボットの関係をめぐる前節からの問いと連続している。

その検討の出発点を、サイボーグの権利という議論に求めよう。法学者のジョージ・アナスらは、シルヴァーの言う、ジーン・リッチとナチュラルへの社会の分断を受けて、その問題を権利という観点から論じている。その論理はこうである。人間のもつ基本的な権利、つまり人権はすべての人間が同一の種に属し、相互に平等だという前提に基づいている。遺伝子への操作によって、ジーン・リッチとナチュラルのように、一方の能力が他方の能力に勝ったり劣ったりする状況が生まれ、人間の間に種の分裂が生じると、すべての人間に等しく与えられる人権という前提が崩れることになる。その結果、ジーン・リッチがナチュラルを劣ったもの、隷属的なものとすることで、ナチュラルには「人権」を認めないという事態も十分に考えらうる。その時、ジーン・リッチとナチュラルを相互に同じ社会のメンバーと見なすことは無くなるだろう。こうした議論はまだ現実的でないように思われる。しかし、アナスらは、そうした事態が生じないように、遺伝子操作やクローン化の技術の開発や実際の人間への応用を、現時点から禁止する国際的な条約を締結することが必要だと訴えている。そう考えると、ジーン・リッチとナチュラルとの分断は現実味をもって受け止められる（Annas, Andrew & Isasi 2002：153, 162）。

ジーン・リッチは優れた種であり、ナチュラルは劣った種であるがゆえに、ナチュラルには人権が与えられず、相互の種は異なる社会を形成する。そのような発想は、人間と動物、人間とロボットの関係をどう考えるかという第2節での問題を彷彿させる。その問題を、属性的アプローチと関係的アプローチの2つの見方から検討し

てきた。前者は、相互の関係を属性の観点から見るものであった。ジーン・リッチという新たなサイボーグがナチュラルより優れた属性をもつがゆえに、両者には対等な関係が形成されないという考えは、典型的な属性的アプローチに基づいている。しかし、動物と人間、ロボットと人間の関係は、属性的アプローチだけでは説明されず、関係的アプローチが不可避であることが示された。

　ここで、ロボットや動物へのクーケルバークの関係的アプローチの要点を総合すれば次のようになる。まず、感情や道徳的判断力などの属性を動物やロボットなどの他者に観察することは難しい。もし、それらが観察されても、属性と、権利付与などの他者へのかかわりは一義的なものではない。他者との関係（＝かかわり）はむしろ、具体的な状況での他者の現れに依存する。そして、その現れは、個々の相互行為の状況や現れを意味づける（社会的、道徳的な文法としての）言語や制度に依存している。この見方を、ジーン・リッチとナチュラルの関係に当てはめれば、こうなるだろう。ジーン・リッチとナチュラルのそれぞれの属性を判断することは難しい。もし、それが観察されたとしても、属性の問題と、ナチュラルには人権がないという判断は別問題である。むしろ、両者の間にどのような関係が生まれるかは、相互が出会う具体的な状況に依存し、その現れを表す言語や制度に依存している、となるだろう。つまり、ジーン・リッチとナチュラルとの分断が起こるとしても、それは、属性だけで説明されるのではなく、相互の間の共感、それぞれを意味づける言語、誰が権利を付与するのか、権利を付与する制度とは何か、などの個人的、社会的背景を抜きにして考えることはできないのである[7]。

　動物と人間、ロボットと人間、そして、サイボーグと人間（あるいはサイボーグとサイボーグ）の関係を今まで検討してきた。そして、それらの関係は同一の構造をもつことが示された。つまり、それらの関係は属性によって説明されるのではなく、現れや、それを規定する状況や言語、制度などによって説明されるのだ、と。その

構図は、人間と人間との間の相互行為や他者理解のあり方にも当てはまる。他者が（事実としての）属性もっているかどうかではなく、そのような属性を他者に読み込むかどうかで相互行為や他者理解のあり方が変ってくるからである。

　包摂したり排除したりする根拠としての属性は、誰がそれを観察し、その観察を誰が包摂や排除の根拠として用いるかという社会的な問題と切り離すことはできない。そのことは、人間における、人種や民族差別にとどまらず、女性、子供、障害者などの人たちへの差別や排除にも言えるだろう。そう考えると、人間というカテゴリーに誰を含めるか、誰を社会のメンバーとするかにおいて、事実としての属性に注目するのではなく、属性が包摂や排除の理由づけの言説としていかに用いられるかに注目した第2章での見方と、ここでのクーケルバークの属性についての見方とは結びつくことになる。

【注】
1　シチズンシップをもつ資格を道徳的主体に限定することは、子供や重度の精神的、知的障害者などの道徳的主体になりえないとされる人たちを排除するという、動物の権利論に付随する難問を引き起こす。彼らは、この困難な問いに関して、道徳的主体でないとされる子供や重度の精神的、知的障害者などの人たちを、道徳的主体でないとされる動物と同列に扱う必要はないと言っている。なぜなら、子供や障害者などの人たちは、政治的な共同体を共に構成するかけがえのない利害関係者だからである（Marx & Tiefensee 2015：81）。
2　この属性的アプローチ批判は、第2章で扱ったヌスバウムやキムリッカらの動物の権利論にも当てはまる。一方で、認知社会学の属性への視点は、属性が事実かどうかではなく、社会への包摂や排除を理由づける言説としていかに用いられるかを問うものである。
3　私も参加したロボットの開発者へのインタビュー調査でも示されたように、ロボットに孤独を癒やされるかなど、ロボットへの対応は世代によっても異なるし、個人によっても異なっている。また、高齢者にとってロボットが良い効果を与えると考えるロボット開発者もいれば、むしろ危害を加えると考える開発者もいる。このように、同一のロボットでも、それに遭遇する人がどのような現れを感じるかは一義的には言えない（cf. Hsu et al. 2020）。

4　経験の中で対象への意味づけが変わるという見方は、〈もの〉が具体的な経験の中で意味に作用するという見方を示唆している。この見方は、プラグマティズムの考えにも対応しており、したがって、ミードやシンボリック相互行為論の視点にも対応する（第5章注2参照）。

5　こうした、サイボーグの考え方からすると、序章で取り上げた機械と人間との境界の融解に関するマズリッシュの規定には保留が必要である。マズリッシュは、人間の境界をめぐる融解を4つの段階で説明した（Mazlish 1993）。第4の人間と機械の境界の融解は、AIの登場によるサイボーグ化を前提としたものである。しかし、クラークのサイボーグ論から見れば、人間と機械の境界の融解は、地球と宇宙の境界が融解（＝コペルニクスによる地動説の主張）するはるか以前からはじまっていたことになる。

6　優生思想は、ナチスによるユダヤ人や障害者の大量虐殺の悲劇などをふまえてさまざまに批判されてきた。一方、近年、「新優生学」として遺伝子操作を許容する動きが出てきている。それは、個人の改善のためには遺伝子操作をすることは規制されるべきでないとする、新自由主義的な考えを背景としている。ここでは、遺伝子操作に関する倫理的な問題には立ち入らない。しかし、新優生学的な発想の登場によって、遺伝子を操作した、あるいは操作するゆとりのある人と、操作しなかった、あるいは操作するゆとりのない人との間に格差が生じるということの現実味が増している。

7　AIやインターネットによって形成される〈外部〉からのサイボーグ化の場合は、その属性が何かを観察することは、ジーン・リッチとナチュラルの場合よりもさらに難しいだろう。

【Ⅱ部】
相互行為・他者理解をめぐる問い

第4章

AI・動物は理解できるか
―― 相互行為・他者理解をめぐって

　第Ⅰ部では、ポストヒューマン論の展開が、「誰が社会のメンバーか」という問いを新たにもたらしたことを、コスモポリタニズムの問題や「AI・動物・サイボーグは社会のメンバーか」という問いに焦点を当てて論じた。第Ⅱ部では、AIや動物との間で相互行為や他者理解（＝他者への解釈）は可能かという問いを考えることにしよう。この２つの問いは、ポストヒューマン論が社会学理論に対して提起した２つの大きな問いであった。第Ⅱ部は２つの章から成り立っている。第５章では、AIや動物との間での相互行為や他者理解をどう考えるかを、そして、第６章では、AIとリアリズムの問題、つまり、AIは人間の解釈過程から自由なのかを考えよう。

　今日、チャットボットを含めたソーシャル・ロボットの日常的世界への浸透が指摘されている。近い将来において、リアルな人間との会話よりも、ソーシャル・ロボットとの会話の方が時間的に長くなるという予測もある。また、ソーシャル・ロボットとの会話では他者への配慮が必要とされないのでリアルな会話が粗野になるという危惧や、子供の世界にソーシャル・ロボットが入り込むことで、社会化に問題が生じるのではという危惧もある（Elliott 2020：ch.6.）。はたして、人間同士の相互行為と人間とロボットとの相互行為は異なるのだろうか、あるいは、人間はロボットを他者＝相手として理解できるのだろうか。

　他者理解や相互行為をめぐる問い、つまり、人間は他者を理解しうるか、また、人と人との間には相互行為が成り立つかという問い

は、哲学の根本問題であり、また同時に、社会学（理論）にとっても根本的な問いである。社会学の分野で相互行為や他者理解を扱ってきた代表的な理論に、シンボリック相互行為論や現象学的社会学などの解釈的社会学がある。一方で、今日、AIや動物をめぐるポストヒューマン論が提起している問い、つまり、人間とAIや動物の間での相互行為や他者理解をめぐる問いは、AIの研究分野では、工学、認知科学、心理学などを中心として展開されているし（今井・小野 2005 など）、動物研究の分野でも、後述するように、ミラーニューロン論や動物の感覚の研究など生物学の分野を中心に展開されている。

　それらの先行研究に対して、シンボリック相互行為論や現象学的社会学は、AIや動物との間での相互行為や他者理解をめぐる問題を直接扱ってきたわけではない。しかし、解釈的社会学は、それらの問題を論じる極めて示唆的な視点を提供している。AI研究や動物研究の分野では、まだあまり取り上げられることの少ない解釈的社会学、とりわけシンボリック相互行為論の視点から、AIや動物との間で相互行為や他者理解は可能かという課題を論じることが本章（第5章）の狙いである。

　なお、AIやロボットの表記について断っておこう。前の第3章では（AIを搭載した機械としての）ロボット、とりわけソーシャル・ロボットを念頭に置いて、人間とロボットが同一の社会のメンバーになりうるかを考えた。この章で扱う、フレーム問題やシンボル接地問題、チューリング・テストなどは、ロボットのみならずAI一般の問題を問うものである。この時、テクノロジーとしてのAIと物（もの）化したAIとは区分が難しい。したがって、本章では「ロボットと人間の相互行為」ではなく、「AIと人間の相互行為」という表記を用いた。前者の相互行為は、後者の相互行為に含まれる（序章注1参照）。

第1節 人間とAI・動物の間に相互行為や他者理解は成り立つか── 属性的アプローチから

　AIと人間との相互行為を考える時に、第一に連想されるのがソーシャル・ロボットと人間の関係である。アイボ＝AIBO (artificial intelligence robot) やラボット＝LOVOT (love × robot) などに代表されるソーシャル・ロボットは、動物のペットと同じように、死んだ時 (あるいは、壊れた時に) 墓に埋葬されたり、人間の分身として旅をしたりする。ソーシャル・ロボットに限らず、日本の工場に導入された工業用のロボットに、当時の人気歌手の名前がつけられたことは有名である。また、ハラウェイの伴侶種宣言にあるように、人間と伴侶動物との間の親密な関係性をめぐる議論も盛んである。ハラウェイは、第2章でも紹介したように、アジリティ (犬の障害物競走) に共に参加する彼女の伴侶動物である愛犬との一体感を描いている。しかし、ハラウェイの伴侶種宣言を待つまでもなく、人間はペットや家畜などの伴侶種と、永年、親密な関係を築いてきた。

　このように、従来からロボットや動物と人間は緊密な関係を築いてきた。では、この時、人間との間に相互行為や他者理解が成立しているのだろうか。本章では、第1に、AIや動物は人間との相互行為の能力をもっているのか、あるいはどのような能力が備われば人間との相互行為が可能かという論点を取り上げる。それを扱うのが本節 (次の (1) 以降) である。一方で、そうした能力 (＝属性) をAIや動物がもつか否かではなく、人間がAIや動物に、心や動機、意味理解の能力を読み込むことで相互行為や他者理解が可能だと考える見方がある。そのことについては、第3節以降で検討しよう。

（1）AIと人間との相互行為への視点

　AIと人間との相互行為についての研究には、すでに示したように多くの蓄積がある。社会学の分野では、アメリカの社会学者ラン

ドル・コリンズが「社会学は人工知能を作れるか？」というタイトルで、ゴフマンやエスノメソドロジーなどの社会学的な相互行為論についての議論をふまえて、AIが相互行為を可能とする条件について論じている。その条件とは、順番取りなどの会話のルールを理解することからはじまって、話を魅力的なものとするためにAIがハビトゥスなどの文化資本を身につけなければならないこと、AIが相手との会話を続けるような「内的」な動機をもつ必要があること、将来への計画の中に現在の会話を位置づけられるようにすること、また、他者との会話の中で創造性を高めていく能力をもつことなど、13のルールから成り立っている。普通の人間にも備わっているかどうか疑わしい高度なルールをAIに求めているようにも思われるが、コリンズは、AIがこうしたルールを克服できてはじめて人間と同じような相互行為ができるようになると考える（Collins 1992：ch.6.）。

　人間とAIとの相互行為をめぐる議論にはさまざまなものがあるが、ここでの課題は、人間との相互行為ができるようになるためにAIがそのための能力（＝属性）をどう獲得すればいいかを論じることではない。一方で、AIには能力的な欠陥があり、その克服が重要だという考え方はAI論に多く見ることができる。その見方の典型を、AI論の古典であるフレーム問題とシンボル接地問題（symbol grounding problem）に見ることにしよう。

①フレーム問題とシンボル接地問題・再考

　フレーム問題とシンボル接地問題とは、AIが克服すべき困難として指摘されている2つの主要な課題である。AI研究者の松尾は、序章でも紹介したように、フレーム問題を、「ある課題を実行するのに『関係ある知識だけをとりだしてそれを使う』人間ならごく当たり前にやっている作業」をAIができるかどうかの問題だとし、一方で、シンボル接地問題を、シンボルとそれを意味するものとをAIが結びつけられるかどうかの問題だと説明している（松井 2015：105-106）。

フレーム問題について哲学者のデネットが考えた例はこうであった（cf. Dennett 2005：序章参照）。つまり、部屋の中にある電池をロボットに取りに行かせる時に、ロボットが電池と一緒にワゴンの上に置いてあった爆弾もワゴンごともってきたという例である。

　この例は、落語の「猫と金魚」にそっくりである。それは、ある商家の主人が番頭に猫が金魚を狙っているので、金魚鉢を棚の上に上げるように頼むという話である。番頭は早速頼まれたことをやってきたのだが、主人にこう質問する。「金魚鉢は棚の上に上げましたが、金魚はどうしましょうか」と。番頭は、金魚と水を出して金魚鉢だけを棚の上に上げたのである。当然、金魚は金魚鉢の外ではねていることになる。この話はまだ続くのだが、デネットのロボットと同じように、この番頭は、猫からの被害に対して金魚を棚の上に避難させるために、関連ある行為が何かを理解できなかったのであり、そこに笑いの理由がある（山本 2016：188-189）。

　一方のシンボル接地問題とは、AIが、シンボルとそれが意味するものとを結びつけられるかを問うものであった。現在、AIの画像認識能力が高まり、猫の画像をAIが識別できたことが話題となった。これは、AIがシンボル接地問題を解決する一歩だという見方もある。この時、AIはさまざまな猫の像を学習することで、1つの画面に写っている対象を猫と判断しただけで、猫とは何かという概念を獲得したと言えるのだろうか。シンボル接地問題は、シンボルとそれが意味するものとの結びつけがAIにできるかという問いであった。しかし、「猫というシンボル」と「それによって意味される猫」の関係においても、そもそも、シンボルと対象とは1対1に対応するものでなく、シンボルは分類の体系やそれが用いられる文脈に応じて多元的に用いられる。

　色を表すシンボルの例で考えるとわかりやすい。7色や6色など、虹の色の分類は一様ではない。青という色のシンボル＝概念に藍という色の概念が加わることで、青と藍が異なる色として区分される。それは、黄と橙の区分にも言える。また、信号機の緑を青と呼ぶ。

それは、かつて青と緑が青色として概念化されていたところに、緑という概念が加わって青と緑が分化したためという説もある。このように、色のシンボルは、色という対象に1対1で対応するものではない。そのようなシンボル＝言語的記号が使えてはじめて、AIがシンボルの意味を理解できたと言えるのではないだろうか[1]。

　次にフレーム問題について改めてもう少し深めて考えよう。なぜなら、とりわけフレーム問題は、社会学の相互行為論とも密接に関連するからである。ここで取り上げるのは、哲学者のドレイファスによって提起されたフレーム問題である。「フレーム問題」というネーミング自体は、アメリカの認知科学者であるジョン・マッカーシーとパトリック・ヘイズによって、1969年の論文でなされたものだが（McCarthy & Hayes 1969）、実は、フレーム問題とは何かの定義は一義的ではない（松原・山本 1987）。その意味では、松尾の定義もドレイファスの定義もフレーム問題についての1つの見方と言えるだろう。

②ドレイファスのフレーム問題

　ドレイファスは、『コンピュータができないこと』（Dreyfus 1972）の出版以来、AIへの批判者として有名である。ここで改めて、ドレイファスの言うフレーム問題について詳しく見てみよう。ドレイファスはこの著作の中ではフレーム問題について、「フレーム問題」という表現を用いて明示的に論じているわけではない。むしろ、フレーム問題とは何かの明確な定義はその後の論文に見ることができる。その後の論文では、「フレーム問題はレリヴァンス（＝何が重要な関連性をもつかという）問題」であり、特定の状況において、どの要素がレリヴァントであるかを知ることの問題だと言っている。そして、フレームと状況の関係に関して、特定の状況においてレリヴァントな事実とは何かを特定するためにフレームが必要だと言う（Dreyfus 2007：248）。先のデネットの例で言えば、部屋の中の電池をもってくるという状況で、電池をもってくることはレリヴァントだが、爆弾をもってくることはレリヴァントではない。

先の 1972 年の著作においてドレイファスはフレーム問題に関して明示的に論じてはいない、と言った。しかし、状況とは何かの議論において、実質的にフレーム問題を指摘していたと言える。状況には不可避的にフレーム問題が伴うからである。

　状況は規則によって厳密に規定されるものでなく、非構造化されたものだと言う。チェスの駒の例で考えよう。チェスの対局という状況ではチェスの駒の重さは問題とされないが、チェスの駒を作るという状況では重さは重要な問題とされる。つまり、チェスの駒の何が重要とされるかは状況依存的である。このような例からもわかるように、「事物がレリヴァントか否かは固定したものでなく、人間の目的が何であるかによって、あらゆる事物がレリヴァントとなりうる」のである (Dreyfus 1972：169 [439])。つまり、チェスの対局をするという目的と、チェスの駒を作るというそれぞれの目的に応じて、チェスの駒の何がレリヴァントかは異なっている。状況へのこのような説明は、フレーム問題はレリヴァンス問題であり、特定の状況において何がレリヴァントかを特定するのがフレームだという、先に示した近年の論文での規定と何ら変わっていない。そして、このフレーム問題を解決しないと相互行為は進まない。なぜなら、チェスの対局の場面でチェスの重さを問題としたり、チェスの駒を作る時にチェスの対局を問題としたりすれば、状況が読めない人と見られてしまうからである。

　ドレイファスのレリヴァンス論、あるいはフレーム問題が示すことは、より一般化して言えばこうなるだろう。つまり、日常的世界に生きる人たちは状況に埋め込まれているのであり、それぞれの状況をそれぞれの関心や目的によって焦点化し、その焦点化された状況を経験の中で蓄積された知識（＝「在庫の知識」）によって解釈している。それぞれの状況への解釈や対応ができないと相互行為は困難となる。チェスの対局で、駒の重さを問題にしたり、駒を作る時に対局を問題にしたりするように。したがって、フレーム問題はレリヴァンス問題である。このようなフレーム問題は、シュッツのレ

リヴァンス論からも説明できる。シュッツのレリヴァンス論からフレーム問題がどう説明できるかについては、本章の注2で詳しく書いたので先を急がない人は参照してほしい[2]。

　改めて言えば、フレーム問題は、日常的世界に生きる人たちが日々実践している解釈的行為ができるか否かという問題である。ここでも、AIのあり方を問うことは、「人間とは何か」という問いと結びついていることがわかる。そして、シンボル接地問題も、シンボルの意味を文脈に応じて理解し、それを実際に用いることができるかどうかの問題と考えれば、フレーム問題と関連する。なぜなら、フレーム問題の克服はシンボル接地問題の克服を前提としているし、その逆に、シンボル接地問題の克服はフレーム問題の克服を前提としているからである。

　このフレーム問題やシンボル接地問題は、AIが乗り越えるべき2つの大きな難問とされてきた。そして、そのことをめぐって、現代のAIの技術レベルはフレーム問題やシンボル接地問題をどこまで克服したか、あるいは、克服しえないかといった議論が盛んである[3]。その答えを求めることはここでの目的ではない。ここでフレーム問題やシンボル接地問題を取り上げたのは、いかにすればAIは人間と相互行為をする能力（＝属性）をもてるかという観点から、AIと人間との相互行為を論じる典型的なスタイルを2つの議論の中で示したかったからである。

(2)動物と人間との相互行為への視点

　一方、人間と動物との間の相互行為はどのように考えられるだろうか。動物と人間との相互行為についても、動物の権利論やそれを支える動物研究などさまざま研究の蓄積がある。第2章で取り上げた動物の権利論は、立場の違いはあっても普遍的な権利をもつものとして動物に接すべきことを主張した。人間と相互行為する能力をAIがもっているかどうかを見てきたのと同じように、次に、動物にそのような能力があるかどうかの議論を見てみよう。

①ミラーニューロンと役割取得

　ミラーニューロンの発見は、発達や相互行為をめぐる「心の理論」の新たな展開をもたらした（子安 2011）。一方で、ミラーニューロンの発見にも伴って、神経社会学（neuro-sociology）という新たな分野が開拓されつつあり、そこでは、ミードやシンボリック相互行為論における役割取得（role taking）論が脚光を浴びている。役割取得とは、相互行為の基礎的過程を示す概念であり、したがって、役割を守ることと同じではない。言い換えれば、役割取得とは、（他者の）態度を取得することである。例えば、人は挨拶をする時に、誰に挨拶をし、誰に挨拶をしないかを適宜に判断している。Aさんだったら、自分が挨拶をした時、挨拶を仕返すだろうと予測して挨拶をし、Bさんだったら挨拶を仕返さないだろうと予測して挨拶をやめる。それができるのは、他者の立場に立って、自らの行為への他者の反応＝態度を予測しうるからである。そして、このような役割取得の過程は、必ずしも意識化されたものではない。

　役割取得は、他者の立場に立って自己の行為（あるいは、自己の行為への他者の反応）を見ることを前提とする。役割取得は役割を守ることと同じではない、と言った。なぜなら、役割を破ることも役割取得を前提としてはじめて可能だからである。つまり、役割を破ることは、相手の出方が予測できるからこそ、それに反することもできるのである。その意味で、役割取得は他者理解、あるいは相互行為の基礎的な過程なのである（Turner 1956）。

　近年この役割取得という考え方が、ミラーニューロンと対比されて説明されている。ミラーニューロンとは、自分がある行為をしている時と、その行為と同じ行為を他者がしている時に同時に反応するニューロンである。つまり、自分の行為が他者の行為に鏡のように映されるのである。この反応は他者理解の前提になる。「観察された（他者の）行為を鏡とすることで、われわれは、他者の行為をわれわれの視点から理解できるのであり、そして、同時にその行為を演じている他者の精神的な状況をよりよく予測することができ

る」(Hopcroft 2013：236)。これはまさにミードやシンボリック相互行為論の言う役割取得の過程に他ならない。そして、動物でも、とりわけ類人猿はこのミラーニューロンを備えていると言われている (Turner 2013)。ミラーニューロンの存在に関しては今日さまざまな異論もあるが (子安 2011)、ミラーニューロン論は、動物にもミラーニューロンがあるから動物と人間との相互の他者理解、あるいはそれに基づく相互行為が可能だという結論を導くことになる。

②猫と人間の相互行為

　一方、動物はミラーニューロンをもつので役割取得ができるという指摘を超えて、人間に近いより複雑な役割取得ができるという指摘もある。ジャネット・アルガーらは、シンボリック相互行為論の役割取得論を応用して、猫を飼っている人へのインタビューに基づいて人間と猫の相互行為のあり方について検討している。それによると、猫は人間と役割取得をしうるのだが、そのあり方は人間同士の役割取得により近いという。1つは、役割取得が現在に閉じられるのではなく、未来への予測に基づいて複数の選択肢の中から行為が選択されていること、1つは、感情的な役割取得が行われていることである。猫が餌をもらう時、もうこれ以上好きな餌が出ないことを判断した上で、餌を食べはじめることが前者に当たる。つまり、猫は未来に向かった予測に基づいて、さらに待つか、今、食べるかという複数の選択肢の中から現在の行為を選択しているのである。また、飼い主が悲しんでいる時に、猫は寄り添ってきて飼い主の頬を摩るということが、2つ目のケースに当たる。猫は飼い主の感情を読んで、それに見合った対応をしていることになる (Alger & Alger 1997)。

(3)AI研究の全体的見取り図の作成 —— 次節に向けて

　AIに関しては、フレーム問題やシンボル接地問題があるから相互行為は難しいという考え方、動物と人間の相互行為に関しては、動物には役割取得能力があるから人間との相互行為が可能だという

考え方を見てきた。両者の考えは対立するように思われるが、AIや動物が特定の属性をもてば相互行為ができる、あるいは、それをもたないから相互行為が成立しないと考える点では同じ論法に立っている。つまり、両者は属性的なアプローチを取っているのである。

　動物とAI（ロボット）の権利論でも見たように、AIには動物のような自己性や人格性が無いとすると、AIの権利論は終わってしまう。電池をもってくる時に爆弾を一緒にもってきたり（＝フレーム問題が克服できなかったり）、そもそも、部屋の中にある何が電池なのかがわからなければ（＝シンボル接地問題が克服できなければ）、役割取得をすることは難しい。したがって、動物には役割取得能力があるが、AIには、役割取得能力が無いとすると、AIと人間との相互行為をめぐる議論は終わってしまう。しかし、実際には、ソーシャル・ロボットと人間の間には何らかの相互行為が見られることは否定されない。この見方は、人間と動物との間に見られる相互行為や他者理解の問題を考えるときにも当てはまる。なぜなら、先に見たアルガーらのように、動物が役割取得能力をもつという見方がある一方で、そのような能力を動物がもっているかは不確かで、むしろ、人間が動物に、対人間と同じように他者を読んでいるという見方も可能だからである。

　以降では、動物と人間との関係についての検討はひとまず置いて、相互行為の能力をもたないとされるAIと人間との関係に焦点を当て、それらの間でどのような相互行為や他者理解が可能かを考えよう[4]。その問いを問う視点は、AIが特定の属性をもつかどうかではなく、人間がAIにそのような属性を読み込むことによって、いかに相互行為や他者理解が可能かという見方に求められる。

　次節以降でその検討をする前に、属性的アプローチと（広義の）関係的アプローチの違いという観点から、AI研究の全体的な見取り図を示しておこう（図1参照）。この図の縦軸はAIの研究対象という点からの区分である。下の極は、知能や心とは何かの研究・開発であり、上の極は、人間とAIとの相互行為に関する研究である。

そして、横軸は、それらの研究対象にアプローチするあり方からの区分である。左の極には、知能や心、相互行為能力を属性として実体的にとらえようとする見方があり、右の極には、人間から見たAIとの関係に焦点を当てる見方がある。それぞれは、属性的アプローチと関係的アプローチに対応する。

そもそもAI（人工知能）の研究は、人間の知能を研究すること、あるいは人間と同じような知能を開発することが目的である。人間の脳の構造をすべて解明して、文字通りのAIを作るというシンギュラリティ論に象徴される見方など、多くのAIをめぐる工学や哲学などの研究はその典型である（柴田 2001 など）。それらは、**第3象限**に位置づけられる。ただし、フレーム問題やシンボル接地問題というAIの限界の指摘に見られるようなネガティブな立場も、知能や心を属性と考える構図としては同じなので、それらも**第3象限**に位置づけられる。

一方で、**第2象限**には、人間と同じような相互行為をAIが行えるかを問う研究が入る。それには、人間とAIのコミュニケーションに関する哲学や工学の分野での研究（三宅 2017 など）、認知科学や心理学に代表される人間・ロボット相互行為論（HRI）などが含まれる[5]。また、先に見たような、AIが人間との相互行為を可能とする条件について論じたコリンズの社会学的な議論もこれに含まれるだろう。

では、知能や心の研究や開発が属性的アプローチで、HRIなどの相互行為の研究が関係的アプローチか、といえば必ずしもそうではない。知能や心の研究でも、チューリング・テストをパスする限りで心の属性、あるいは、人間との関係のあり方を問う（**第3象限**と**第4象限**にまたがるような）見方もあるし（荒木他 2016）、さらに、心を属性ではなく、相互行為を組織化する理由づけの言説とする見方もある。それは、ロボットに心があることを前提として、ロボットの行為を理由づけることで相互行為が組織化されるという見方であり、例えば、心をリソースと考えるエスノメソドロジー的な心の

見方もこれに対応する（上野・西阪 2000）。その見方は、**第4象限**に入る。

また、人間とロボットの相互行為を研究対象とするHRIの研究でも立場は異なっている。関係的アプローチの典型は、AIに人間と同等の相互行為能力を求めるのではなく、人間がAIにどう関係するかという立場から、AIロボットを研究している「弱いロボット＝関係論的なロボット（human-dependent robot）」の見方に求められる（岡田 2012, 2017, 岡田・松本編 2014）。これは、**第1象限**に位置づけられる。

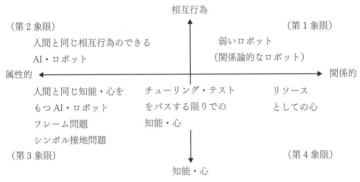

図1　AI研究の分類（知能・心や相互行為論の分野）

第2節　AIに他者を読む①
── チューリングとゴフマン

AIに相互行為や他者理解の能力があるかどうかを問うのではなく、人間がAIに他者を読む（＝AIという他者を理解する）という視点を、ここではシンボリック相互行為論に求めよう。その視点は、「パッシング」「物との役割取得」「動機の語彙」の3つである。それらをとおして、相互行為や他者理解とは何かを考えよう。パッシングについては、この節で、後者の2つについては次の第3節で取り上

げる。

(1)チューリングとチューリング・テスト

　アラン・チューリングは、チューリング・マシンやチューリング・テストなどによって知られているイギリスの数学者である。その人生は波乱に満ちたものであった。チューリングがなくなったのは1954年である。死後の2009年になって、当時のイギリスの首相がチューリングに謝罪の言葉をある雑誌で公表している。そこには、概ね次のようなことが書かれていた。つまり、第2次世界大戦時の暗号解読者でイギリスに多大な貢献をしたこと、一方で、戦後、同性愛者であるということで有罪とされて収監され、女性ホルモンを注射する選択を迫られたこと、そして、その後自殺したことに対して政府を代表して謝罪したいこと。実際にチューリングが自殺したかどうかは疑われている。しかし、50年代のイギリスでは同性愛は犯罪とされ、そのことで有罪犯罪を受けたことに、チューリングが精神的な負荷を負っていたことは確かだろう。チューリングは、第2次世界大戦時にドイツの暗号機エニグマの構造を解明し暗号の解読に成功した一方で、そのことが国家機密であったために多くのイギリス国民には伏せられ、その成果が十分に報われなかった。その上、同性愛者として国家によって犯罪者とされ、自殺に追い込まれた（と考えられていた）ことが、首相の謝罪の背景にある（Copeland 2012：223［311］）。

　チューリングは現在では暗号解読者としてよりも、チューリング・マシンやチューリング・テストの開発者として有名である。AIという言葉は、アメリカのダートマス大学で1956年に開かれた通称ダートマス会議で、認知科学者のマービン・ミンスキーらによって名づけられたとされている。しかし、チューリングは、その10年以上も前にAIの基本的なアイデアを考案していたことになる。それが、チューリング・マシンの開発に当たる。しかし、ここで注目したいのは、チューリング・テストの方である。チューリング・

テストとは、一方に、コンピュータ（AI）と人間がいて、もう一方に審判としての別の人間がいる。審判がある質問をした時に、一方の人間とコンピュータが特定の答えを返す。この時、審判が人間の返答かコンピュータの返答かを区別できなければ、そのコンピュータは人間と同じと見なされる。チューリング・テストは、すでにAIの古典的な研究とされている[6]。しかし、ここで問題としたいのは、どうしてチューリングがこのようなテストを考案したかである。

チューリング論を書いたジャック・コウプランドは、そのことについて次のような説明をしている。その出発点は、「コンピュータは考えることができるか」をどうやって判断すればいいかという問いにある。つまり、コンピュータは、その内部で人間の脳と同じ過程を実行しているわけではないし、同じ生物学的な栄養をエネルギーに転換しているわけでもない。したがって、その問いへの答えは、人間やコンピュータの内部を問うことではなく、行動の過程を問うことに求められる。チューリング・テストにあったように、人間と行動（返答）において区別できなければ、そのコンピュータは人間と同じように「考えている」と見なされる（Copeland 2012：205-206［282-283］）。しかし、考えているかどうかを、脳などの内部のメカニズムに求めるのでなく、外見としての行動の過程に求める発想は、行動主義の見方だと単純に切り捨てることはできない。

では、このチューリング・テストとゴフマンがどう結びつくのだろうか。それは、チューリングが同性愛者であり、そのことによって差別を受けていたことに関係する。ハラリは、チューリングについて大変興味深い指摘をしている。「チューリング・テストは、1950年代のイギリスですべての同性愛者が日常的に受けざるをえなかったテスト、すなわち、異性愛として通用（パス）するかのテストの再現にすぎない。チューリングは、人が本当はどういう人間なのかは関係ないことを、自分自身の経験から知っていた」と（Harari 2017：297［上152］）。このハラリの推測が当たってるかどうかはわからない。しかし、同性愛者として差別されていたチュー

リングが、いかに異性愛者として通用（パス）するかに苦慮していたという経験と、チューリング・テストとを結びつけるのは刺激的な発想である。このことは、まさに、社会学者のゴフマンが扱ってきた「パッシング」の問題と重なるからである。

(2)ゴフマンとパッシング

　パッシングは「スティグマ」と密接に関連している。まずスティグマについて説明してからパッシングについて説明しよう。

①スティグマについて

　スティグマとは、多くの通常の (usual) 人々とは異なる望ましくないと思われる属性 (attribute) を意味している。そして、ゴフマンは、このスティグマを3つに分類している。第1が、身体上のスティグマ、第2が、性格 (character) 上のスティグマ、第3が、集団的 (tribal) なスティグマである。第1のスティグマの典型は身体的な障害であり、第2のスティグマは、意志の弱さや頑固さなどと見なされるような欠点を指している。そして、第3の集団的なスティグマは、人種や民族(nation)、宗教上のスティグマを意味している。同性愛は、精神障害、アルコールや麻薬への嗜癖と並んで、第2の性格上のスティグマに分類される (Goffman 1963：4 [11-15])。

　このスティグマをめぐる定義で注意すべき点が2つある。1つは、スティグマは確かに、人々から負のイメージをもつものとされ、そのスティグマのもち主を傷つけるような属性だが、それは、あくまで人々との関係の中で意味づけられるものである。例えば、大学を出ているという属性もスティグマになる。なぜなら、大学出なのにあまり望ましくないとされる職業に就いている場合は、それがスティグマと見なされるからである (Goffman 1963：3 [13])。ゴフマンは、アメリカでスティグマから自由な人は、男で、若くて、既婚者で、都市に住んで、大学教育を受けて、キリスト教者で……そして、異性愛者 (Goffman 1963：128 [210-211]) しかいないという。それは裏を返せば、誰でもがスティグマ化されうることを意味して

いる。

　そして、スティグマを考える時にもう1つ重要なことは、スティグマは1つのカテゴリーだということである。つまり、カテゴリーとしてのスティグマによって行為が理解される。あるスティグマをもつ人としてカテゴリー化することは、その人の行為をステレオタイプ的に見るという点で、その人のアイデンティティを特定するという側面をもっている。スティグマが1つのカテゴリーであることは、その属性が事実かどうかではなく、他者との関係の中でそれがスティグマと見なされることの重要性を意味している。例えば、目が不自由であるというスティグマを張られないために、健常者であるように振る舞う（実際に目が不自由な）障害者もいれば、少し見えても見えないふりをする人もいる。後者は、全盲ではないが周りからそのようにカテゴリー化され、いちいち釈明することに疲れて、全盲というカテゴリーを受け入れ、周りの「期待」に応えるケースである（Goffman 1963：110-111［180-181］）。

②パッシングについて

　スティグマは負の属性ではあっても、それが負と見なされるかは他者との関係に依存すること、また、属性は事実というよりカテゴリーとして作用することを確認した[7]。では、パッシングとはどのようなものだろうか。ゴフマンは、パッシングを、暴露されてはいないが、暴露されれば信用を失うことになる自己についての情報の操作と定義する。スティグマとの関連で言えば、操作される情報とはスティグマのことになる（Goffman 1963：42［75］）。

　チューリング・テストは、コンピュータが人間と同じ返答をすればそれは人間と見なしうるという発想から生まれた。つまり、コンピュータが実際に人間と同じように考えることができるかどうかではなく、他者から人間と同じと見なされるかどうかが問題であった。そして、ハラリによれば、チューリングは、日常生活において自分を同性愛者としてではなく異性愛者として通用（パス）させることに苦しんでいた。一方で、ゴフマンのスティグマやパッシングの見

方は2つの側面をもっていた。第1に、同性愛者というスティグマはあくまで他者との関係で張られること、第2に、同性愛者というスティグマは、1つのカテゴリーとして、その人のアイデンティティを特定すること。スティグマ化の抑圧から逃れるための1つの営みがパッシングである。スティグマ化から逃れるためのパッシングは、スティグマが関係の産物であり、その事実としての属性（＝同性愛者であるか否かという属性）が必ずしも重要でない、というゴフマン的なスティグマの特徴づけと結びついている。そして、それは、相互行為一般が、事実としての属性ではなく、他者との関係や、他者による理解によって成り立つという考えに通じている。その点で、チューリングとゴフマンは同じ立場に立っている、と言えるだろう。しかし、こうした視点を示すのは、ゴフマンのパッシング論だけに限らない。そのことを次に見ていこう。

第3節　AIに他者を読む②
—— 物との役割取得と動機の語彙

（1）物との役割取得

　役割取得とは、相互行為の基礎的な過程であり、それは、相手（他者）の立場に立って自己の行為を見ることで、相手の反応を予測し自己の行為を調整する過程であった。この時、他者も、そのような役割取得の能力をもつことが前提とされるのだろうか。この点で、ミードは、人間と物との役割取得という興味深い考えを示している。物とは文字通り物体（physical things）である。例えば、人間が机という物を叩くとする。この時、物としての机は、人間の叩くという行為に反応する。人間が机を叩いたとしたら、机が木でできている場合とスチール製のデスクのように、金属でできている場合とでは、机という物の反応は異なっている。それが、人間の叩くという行為に対する机という物の反応である。

　さらに、人間は机という物を叩くという直接的な行為の前に、机

という物がどう反応するかを予測することができる。木の机であれば多少強く叩いても痛いと感じることはないが、金属では同じ叩き方でも痛いと感じることがあるかもしれない。そうした物の反応に応じて叩き方を調整する。そして、物との役割取得は、接触経験と離隔経験に区分される。接触経験が机を実際に叩くという直接的な経験であるのに対して、離隔経験は、過去における直接的な接触経験の蓄積によって生まれると同時に、直接的な経験によらない知識の蓄積によっても生まれる。接触、離隔を含めたこのような過程のことを、人間が物と役割取得することだとミードは言う。なぜなら、人間は物の立場に立ってその反応を予測し、自分の行為を調整するからである。そして、物との役割取得は、状況ごとの物への人間のかかわりと密接に結びついている。木の机を作業する台と見なす時と、燃やす材料と見なす時とでは、机への役割取得のあり方が異なるように（Mead 1932：Ⅱ）。

　物との役割取得を考える時、物が役割取得の能力を自らもっているのではなく、その能力を人間が物に読み取るということが重要である。この物との役割取得という発想はミードの卓見である。物との役割取得ができなければ、日常生活を営むこともできないし、そもそも生命を維持することもできない。歩くという普段自明とされている行為は、床や地面との役割取得というまさに賭けの連続の中にある。なぜなら、床や地面は踏んだ時に、陥没しないとも限らないからである。また、物にぶつかった時の反応を予測できなければ大けがをするだろうし、高いところから落ちた時の反応を予測できなければ死んでしまう。そして、ポストヒューマン状況が言われる今日において、ミードのこの指摘は重要な示唆を含んでいる。なぜなら、AIと人間との相互行為を考える時、ロボットが役割取得の能力をもたなくても人間がAIに役割取得能力を読み込めば、人間と物との役割取得と同じように、人間とAIとの間に役割取得が生まれる、つまりは、相互行為が成り立つと考えられるからである。

　図1での第1象限に属する「弱いロボット＝関係論的なロボット」

を研究開発している岡田美智男は同様なことを指摘している。それは、掃除ロボット、ルンバの事例である。ルンバはあくまで掃除をするために開発されたAIロボットであり、そこに心をもたせようとしたわけではない。したがって、ルンバは物である。しかし、人は、ルンバが掃除をしやすいように障害物を前もって取り除こうとしたり、ルンバが、障害物に当たってコンコンと跳ねている時にそれを取り除こうとしたりする。つまり、ルンバの意図を読んで役割取得をするのである。そのことは、自分ではゴミを拾えない「ゴミ箱ロボット」など岡田が開発したさまざまな「弱いロボット＝関係論的なロボット」にも当てはまる（岡田 2017）。単なる物と、人間が心を読む、あるいは心を帰属させる物＝AIとの境界は流動的なのである。

　他者の「実際の心」を読まなくても役割取得が成り立つことは、人間同士が役割取得をする場合にも言える。そのことは、シンボリック相互行為論者のラルフ・ターナーがあげる詐欺師との役割取得の例で考えるとわかりやすい。その例は、偽物の宝石を本物であるかのようにして販売するセールスマンと客との関係である。詐欺師であるセールスマンは、その取引が真正なものであることを演出するために、身なりを整え、話し方に気をつける。一方で、客はセールスマンが詐欺師であることに気がつかず、本当のセールスマンとして対応する。真正の宝石のセールスマンと客との間で役割取得が成り立つのと同じように、詐欺師と客の間にも役割取得は成り立っている（Turner 1956：319）。役割取得は、その相互の相手が状況を同じように定義していなくても、あるいは相手の「実際の心」を読めなくても、つまりは、相互の意味の一致が無くても、その場（状況）が宝石の販売の場面であることを前提にして、相手の態度を取得する限りにおいて成立するのである。

　物と人間との役割取得、詐欺師と客との役割取得の２つのケースを考えた。AIと人間の役割取得で考えれば、物が心をもつかのように人間が振る舞えば、そこに役割取得は成り立つし、人間同士の

役割取得においても、詐欺師との役割取得の例にあったように、客がセールスマンの「実際の心」を読めなくても、セールスマンと客との役割取得は成立する。つまり、役割取得は、他者がどのようなものであっても、他者に自己の行為への反応を読み取る限りで成り立つのである。

(2)心の中にない動機 —— 動機の語彙論

　心をもたないとされる物とも役割取得が成り立つと考えられた。では、心とは何だろうか。心を構成する重要な要素とされる「動機」でそのことを考えよう。そのヒントは、シンボリック相互行為論の「動機の語彙」という考え方にある。

　他者を理解する上で、他者の動機を理解することが重要である、と一般に考えられている。他者の動機が理解できれば、他者の行為の予測が可能だからである。しかし、他者の動機は「内的」なものなのでその理解は難しいと考えられている。そうした考えを支えるのが、動機についての一般的な定義である。動機は、辞書的には動因とされ、動因は「人間や動物をある行動に駆り立てる内的な力」であり、それは「主に生理的要素によって触発される」と定義される（濱嶋他 1997：453-454）。動機は行為を駆り立てる内的で生理的＝非社会的なものである限り、それを外からうかがい知ることは難しい。しかし、動機の語彙という考えは、動機が内的で、生理的＝非社会的という考えを逆転する。その考えを打ち出した社会学者のライト・ミルズによれば、動機は、人々の行為の内的な動因ではなく、行為への理由づけである。その理由づけは、その個人に委ねられるものではなく、多くの人々の間で共有された動機についての考え（＝あるいは、それを説明する動機の語彙）によって行われる（Mills 1970：472［345］）。

　例えば、母性という動機について考えよう。動機が内的であるという考え方から見れば、女性が子供を世話するのは、女性のもっている内的で生理的な動因によることになる。一方で、動機の語彙説

によれば、母性は、女性の動機についての社会的に共有された理解の仕方を示す語彙であり、その語彙によって女性が子供を世話する、あるいは、すべきという行為の動機が付与されることになる。つまり、動機の語彙論から見れば、母性は1つの社会的規範なのである[8]。

　動機の語彙という考えは、相互行為や他者理解のあり方、言い換えれば、役割取得のあり方と深く結びつく。役割取得は自己の行為に対する反応を前もって予測して、その予測に基づいて自己の行為を調整する過程であった。他者の行為を予測するには、他者の行為の動機を理解することが必要である。動機の語彙論によれば、動機は内的で生理的＝非社会的なものでなく、何がふさわしい動機かは社会的に共有されているがゆえに、他者の動機は理解不可能ではない。また、動機の語彙に見合った行為をすることは、社会的に求められることなので、人々は自らの行為がその語彙に反しないことを規範的に求められる。このように、動機が内的なものでなく、社会的に共有されたふさわしい行為についての語彙なのだという考えは、役割取得と密接に結びついている。

　そして、動機の語彙論は、AIと人間との相互行為を考える本書での関心に大きな示唆を与える。なぜなら、動機は、それに見合った行為をする人が必ずしも内的なものとしてもつ必要がないからである。再び、母性という例で考えよう。母性は、女性であることに由来する内的で生理的な動因ではなく、特定の社会で共有された行為を説明するための語彙であった。母性に見合った行為をする人は、一方で、内的な母性に女性の行為の動機を求める見方に反対しているが、社会的に共有されたふさわしい行為としての母性にあからさまに反することを控えているだけのことかもしれない。

　このことは、「弱いロボット＝関係論的なロボット」でもある掃除ロボットのルンバの事例でも言える。ルンバが障害物に当たってコンコンと跳ねているのを見て、多くの人は、ルンバの動機を「困っているから」と推測し、一方で、「遊んでいるから」とか「楽しんでいるから」とは推測しないだろう。つまり、ルンバの動機を、その

状況にふさわしい動機の語彙から読んでいるのである。

　その人がどのような動機をもって行為するかを理解する時、その人がどのような「内的な動機」をもっているかは重要ではない。そうではなく、その状況で共有された動機の語彙に基づいて、その動機を他者に読み込めばいいのである。そして、その他者は人間であるかもしれないし、AIであるかもしれない。

終節　属性から関係へ
── 発想の転換が意味するもの

(1)役割取得とパッシング、動機の語彙の結びつき

　今まで、パッシング、物との役割取得、動機の語彙というシンボリック相互行為論の概念をとおして相互行為のあり方を見てきた。パッシングは、目が不自由でも目が見えるように振る舞うことで、目が見える人として通用（パス）したり、あるいは、少し目が見えてもそのことを説明するのが面倒なので全盲として振る舞ったりと、目が実際に見えるかどうかではなく、その場を目が見える人、あるいは全盲の人として振る舞うことで相互行為が成り立つことを示していた。チューリング・テストにおいても、コンピュータ（AI）が実際に人間と同じように考えているかどうかではなく、人間として通用（パス）することが問題なのである。

　役割取得の1例としてあげた詐欺師のケースも、パッシングの1つの例と考えられる。なぜなら、詐欺師は、自分が真正の宝石の販売員であるかのように、服装や振る舞い方を配慮することで、顧客に自分が詐欺師であることがばれないように情報を操作しているからである。これらのことから考えるなら、パッシングは役割取得を円滑なものとする。なぜなら、目が不自由な人というスティグマ化や宝石の販売員というラベル張りは、その人に対する振る舞い方、つまり、他者の行為を予測する手がかりを与えるからである。同じように、動機の語彙も役割取得と密接に関連する。他者の動機が理

解できることは、その人の行為の予測を可能とするからである。もちろん、この時、動機はその状況で共有されたふさわしい動機の語彙によって推測され、動機を推測するためにその人の「内面」をのぞき込む必要はない。より一般化して言えば、相互行為において、他者が、その相手が予測する「実際の心」をもつ必要はないのである。

　このように考えると、相互行為や他者理解のあり方をめぐるシンボリック相互行為論の視点は、先の図1における分類では、心への視点においても、また、相互行為への視点においても関係的アプローチに立つ。つまり、心への視点は第4象限に、相互行為への視点は第1象限に当てはまる。なぜなら、第1に、心は、動機の語彙論が示すように属性ではなく、相互行為状況で他者の行為を理由づける共有された言説であり、人々がそれを、相互行為を組織化するために用いることで相互行為が成立すると考えられたからであり[9]、第2に、相互行為においても、パッシング論で見たように、属性としてのスティグマが重要ではなく、他者がいかにスティグマを張る（＝読み込む）か、あるいは張らない（＝読み込まない）かが重要だと考えられたからである。

　ここで、役割取得について2つのことを追加しておこう。1つは、役割取得の試行性、交渉性であり、もう1つは、役割取得と自己との関係である。

　役割取得は、他者の行為を予測することで可能になると考えられた。しかし、実際の相互行為において役割取得はいつも読みどおりに進むとは限らない。異性愛者として通用（パス）するように振る舞っても、そうでないことがばれるかもしれないし、動機の語彙にふさわしく演技しても、他者から異なる動機を付与されるかもしれない。このように、役割取得は予測どおりに進むのではなく、試行的であり交渉的である。第1章で見たように、ブライドッティは、人間が普遍的で一貫したものでなく、個別的な身体をもって（embodied）、場を占める（embedded）ものと考えた。シンボリッ

ク相互行為論の見方もこれに対応する。人は、相互行為に固有な身体をもってかかわり、役割取得のあり方は、個々の具体的な状況に依存しているからである（Turner 1956, 片桐 1989）。

　このような役割取得のあり方は、自己のあり方とも関連する。ミードが自己（自我）をIとmeに区分したことは広く知られている。しかし、それぞれが何を意味するかについては必ずしも広く合意があるわけではない。ここでは、Iを対象への働きかけ＝作用としての自己、meを対象化された自己（認知された自己＝自己認知）と考えよう（片桐 2006：214-215）。役割取得の文脈で言えば、自己は他者という対象に挨拶などをとおして働きかける一方で、他者の実際の反応によって改めて自己を対象化する。挨拶への他者の反応を前にして、その人にとって「自分はやはり知り合いだった」とか、「知り合いではなかった」とか。このように、自己を対象化する前提は役割取得における他者の反応にある。そして、他者の立場に立って推測された自己像は、試行的、交渉的な相互行為という場（状況）に固有な身体をもってかかわる中で、他者による承認、否認、誤解、背信などによって確認され、否定され、また、修正される。

　Iとmeの交互の関係としての自己は、誕生からはじまる無限の歴史的過程であり、また、未来へと続く過程である。ブライドッティの言葉を用いれば、自己は関係的で、生成的（becoming）なのである（第2章参照）。したがって、自己と（他者を含めた）その対象は、一方が〈内部〉にあり、一方が〈外部〉にあるというように2分的に対立するものではない。自己は一貫して同一的なものとして外界から独立したものではなく、とりわけ、相互行為の中での他者とのかかわり＝関係を離れては考えられないのである（Mead 1934：Ⅲ）。このような相互行為論の立場に立つ限り、シンギュラリティ論やトランス・ヒューマニズム論の見方、つまり、図1での第3象限に当たるような単体としての脳（知能）や心の研究だけでは、人間の自己のあり方（＝心のあり方）を問うことはできないことになる（佐藤 2020）。

(2) 改めてクーケルバークの関係的アプローチについて

　第1節では、人間と相互行為しうる能力を、AIや動物がもっているかどうかを問題とした。AIに関しては、フレーム問題やシンボル接地問題を解決すれば、AIは人間と同じような相互行為ができるという議論を取り上げた。そして、動物に関しては、ミラーニューロンや猫の高度な役割取得能力について検討した。一方、第2節では、AIや動物が相互行為能力をもつかどうかではなく、人間がAIや動物にいかに他者を読むかという視点から、人間とAIとの相互行為や他者理解のあり方に焦点を当てた。そして、その検討は、シンボリック相互行為論を基礎とするものであった。

　前の章（第3章）で見たように、クーケルバークは、動物やAIと人間の相互行為への視点を関係的アプローチと呼んだ。クーケルバークの関係的アプローチは、広義の関係的アプローチの1つだが、とりわけ、AIが人間にどのように現れるかを問おうとした。例えば、ソーシャル・ロボットのように、人間がロボットに接する場合に、そのロボットが人間にどのように現れるかが問題とされた。その現れは、主観的であると同時に、相互行為の状況や言語によって規定されるものでもあった。そして、その視点は、動物と人間との相互行為を考える時にも変わらない。動物においてもロボットにおいても、それらが心、意識、コミュニケーション能力などの属性をもつかどうかではなく、人間にどう現れるか＝関係のあり方を問題とする点では同じだからである[10]。

　このようなクーケルバークの視点は、シンボリック相互行為論の視点と共通している。むしろ、今まで見てきたように、役割取得などをめぐるシンボリック相互行為論のさまざまな知見の方が、なぜ、AIや動物が人間と相互行為ができるかをより具体的に分析できるように思われる[11]。

(3) 相互行為の多様性と状況依存性

　そして、AIや動物に対して、人間が他者の意図を読み込むとい

う視点は、その読み込み方の多様性という視点を導き出す。クーケルバークは、ロボットが工場に置かれているか、家庭内に置かれているかによって、人間のロボットへの接し方が異なることを指摘した。そして、動物においても、それがペットとして家庭内で飼われているか、野性のものであるかによっても、動物と人間との相互行為のあり方は多様である（Coeckelbergh 2011b：200）。

　西洋と日本では、ロボットへの接し方が異なることを指摘した。西洋ではロボットに対してあくまで道具や機械として、人間に対立するものとして接するのに対して、日本では、エンターテインメント用のロボットの開発が盛んで、ロボットに対して人間の仲間として、親密な他者として接するなどのように（cf. Kaplan 2005）。そのような違いは、動物との関係にも当てはまる。その典型は、日本における（実験動物などの）動物への供養だろう。死んだ動物は、（壊れた？）ロボット同様、人間と同じように供養される。しかし一方で、西洋の方が、動物は人間に近い存在だという見方もある。例えば、西洋での遊牧民は羊を聖なるものとし、家畜と人間が同居することは当たり前だったとされるように（イザヤ・ベンダサン 1971：第2章）。したがって、西洋と日本という実体的な「文化」比較は避けなくてはならない。むしろ、そうしたステレオタイプ的な多様性でない、具体的、経験的なレベルでの多様性への注目が必要とされるだろう（第3章注3参照）。

　人間がAIや動物に他者を読むという視点は、実際にAIや動物が意識や心などの属性をもつか否かを問題とするのではなく、人間がそれらにどう接するか＝関係をもつか、それらの他者をどう理解するかを問う見方を示していた。だからこそ、その読み方は人間とAIや動物が共在する具体的な相互行為の状況に依存して多様なのである。こうした見方は、シンボリック相互行為論の議論において見たように、人間同士の相互行為のあり方を見る上でも重要である。AIや動物との相互行為や他者理解のあり方を考えることは、人間同士のそれらのあり方を考えることにも通じている。そのことを、

改めて最後に確認しておこう。

【注】

1　フェルディナン・ド・ソシュールの記号論によれば、「記号（signe＝sign）」には2つの側面がある。それが、「記号表現（能記＝signifiant＝signifier）」と「記号内容（所記＝signifié＝signified）」である（丸山 1981）。「虹」という記号表現に対応するのは虹という対象ではなく、記号内容、つまり「虹」（という記号表現）によって意味されるもの＝虹は何色かという概念である。そうであるがゆえに、「虹」の意味＝概念は、文脈に依存して多様なのである。

2　シュッツは、さまざまな対象の中で、どの対象が自分にとって重要か（＝テーマ化）を4つのレリヴァンスの層で説明している。1つは、当面の目的にとってもっとも重要な対象であり、第2に、その目的の条件や手段となる対象、第3に、状況に何らかの変化が生まれない限り、その目的にかかわらない対象、そして、最後に、当面の目的に全く関連しないような対象である。この4つのレリヴァンスの層は、自分を核にして空間的に広がっているものではなく、あくまで自分の目的にとっての重要性（＝関連性）の順に配列されている（Schutz 1964：123-124［176-177］, 片桐 1993：第2章第3節）。この4つの層に基づいて、デネットの示したフレーム問題の例を改めて考えてみよう。

　まず、電池をもってくることが目的だから、電池がもっとも重要な対象となる。一方、爆弾も、一緒にもってくれば爆発の危険があるので、電池を安全にもってくるという目的にとっての重要な条件となる。電池が載っているワゴンも、重要な対象であり、電池をもってくる手段となるので、ちゃんと動くかをチェックする必要があるかもしれない。そして、部屋の中で天井からぶら下がった照明器具や机の上の電気スタンドは当面の目的には関連しないかもしれない。しかし、何かのきっかけで、照明器具が落ちてきたり、スタンドが倒れてきたりして電池の上に被さったとしたら、その時は、当然それらをどけなければならないだろう。そして、天井や窓、あるいは部屋の外の世界などは、電池をもってくるという当面の目的にとって重要性はもっとも低い。

　このように、電池をもってくるという目的（動機）があり、それに基づいて部屋の内外のさまざまな対象を重要性の程度に応じて序列づける。そのようにして焦点化（テーマ化）された対象は、今度は在庫の知識によって解釈される。文脈にふさわしい行為は、このような、目的（動機）、テーマ化、解釈という連鎖の過程の上に成り立っている。しかし、ロボットは、そもそも自ら目的（動機）をもつことはない。目的が与えられたとしても、その目的に応じて、どの対象に注目し、それをどう解釈し、そして、どう行為するかがロボットには難しい。それが、シュッツ的に説明されたフレーム

問題である。

3 ドレイファスも 2007 年の論文でフレーム問題がその時点でも解決されていないことを指摘している。一方、森岡正博 (2019) は、より最近の視点から、ドレイファスの議論を含めてフレーム問題の解決の方向性を検討している。

4 動物と人間との相互行為や他者理解の問題については、終節でも、AI と人間との関係との関連で改めてふれるが、本格的な検討は次の機会としたい。なお、ロボットと人間の関係と、動物と人間の関係との違いについては（麻生 2014）を参照のこと。

5 人間の発達を参考に人間と同じ認知機能をロボット上に実現することが HRI の目的だと、認知科学や心理学の立場から今井らは指摘する（今井・小野 2005：848）。一方で、人間とロボットとの相互行為に関しては、エスノメソドロジーの立場からの研究（山崎他 2000、秋谷他 2007 など）も多く蓄積されている。認知科学や心理学からの HRI 研究とエスノメソドロジーの立場からの HRI 研究の違いなど、詳しい論点についてはここでは立ち入らない。また、佐藤裕は言語ゲーム論の立場から、AI が人間と同等に成りうる可能性について論じている（佐藤 2019）。

6 その後、この問題はサールに引き継がれている。一般にチューリング・テストは弱い AI に対応するように思われる。しかし、チューリング・テストを通ることと、AI が弱いか強いかは必ずしも相関しないという考えもある。

7 ゴフマンのスティグマ論は認知社会学の視点と共通している。つまり、認知社会学は、他者をどのようにカテゴリー化するか、スティグマ論は、他者をどのようにスティグマ化（＝カテゴリー化）するかが、相互行為を生み出すと考えるからである。

8 この動機の語彙論には、動機の「否認（disclaimer）」と「釈明（account）」という 2 つの考えが付け加わる。否認とは、これから行う行為が、その場で共有される動機の語彙に反することが予測される時に、前もって注釈しておくことである。釈明とは、その反対に、すでに行ったことが、その場での動機の語彙に反したと気づいた時に、自己の行為を釈明することである（Hewitt & Stokes 1975, 1976, Hewitt 2011：154-155）。先の母性の例で考えよう。これから行う行為が母性に反すると見なされる場合、その理由を前もって断って、その行動が母性に反するものでないことを注釈したり、すでに行ったことが、後で母性に反したことに気づいた時に、その行為の動機を改めて釈明したりすることがある。これらが、それぞれ否認と釈明に当たる。「忙しいから」という動機の語彙は双方に用いられるだろう。子供に向かって「今日は忙しいから世話ができなくてごめんね」というのが前もっての否認であり、一方で、「今日は忙しかったので世話ができなくてごめんね」といった表現が事後的な釈明である。しかし、人間は、ロボットに対して、否認や釈明などの複雑な動機を読み込むことがあるだろうか。

9 少し補足しよう。動機の語彙論は、図1の第4象限に当たるエスノメソド
　ロジーのリソースとしての心という考え方に対応する。なぜなら、特定の
　動機をもつことを前提として＝リソースとして、他者の動機を読み、その
　ことで相互行為が成り立つと考えられるからである。ただし、動機の語彙
　論は、動機の付与の規範性を考える点や、個々の状況を超えたイデオロギー
　などにその規範性を求める点で、心についてのエスノメソドロジーの見方
　とは区別されるだろう。

10 人間に似たアンドロイドの制作者として有名な石黒浩は、アンドロイドを
　作ることの意義は、「人間とは何か」を問うためにあると言う（石黒2009）。
　実際、石黒のアンドロイドを見ていると、人間に似ているが、「顔のここ
　の表情がやはり人間とは違う」とか、「肌の感触が人間とは違う」などと細
　部の違いが逆に目についてしまう。一方で、人間に限りなく近いロボット
　を作ることより、かえって似ていない方がロボットと人間の関係がうまく
　築けると言われている。例えば、犬型のロボットであるAIBOは、犬の形
　状や質感とはかなりかけ離れているし、アザラシ型のロボットであるパロ
　も、アザラシのぬいぐるみのようであり、本物のアザラシとはかなり異なっ
　ている。それでも、AIBOやパロと接していると何かそこに相互行為が生
　じているような気がしてくる。それは、AIBOやパロに他者を読んでいる
　からである。このようなロボットへの見方は、岡田の「弱いロボット＝関
　係論的なロボット」の考え方とも通じている。

11 相互行為の説明を、心など「内的」な属性に求めるのではなく、他者との社
　会的な関係に求める視点はシンボリック相互行為論に限らない。アンディ・
　ロックとトム・ストロングは、社会的構築主義（social constructionism）
　として、さまざまな考えを括り、解説している。その社会的構築主義には、
　ミードやシンボリック相互行為論の他に、シュッツやエドムント・フッサー
　ルなどの現象学、ハロルド・ガーフィンケルのエスノメソドロジー、ルー
　トヴィヒ・ウィトゲンシュタインの言語行為論、グレゴリー・ベイトソン
　のサイバネティックなコミュニケーション論、ケネス・ガーゲンやロム・
　ハレなどの（社会）構築主義的な社会心理学などが含まれる（Lock &
　Strong 2010）。なお、属性的アプローチを批判したり、言語の働きに注目
　したりするクーケルバークの見方には、現象学の他に、ウィトゲンシュタ
　インの言語観も大きな影響を与えている（Coeckelbergh 2015）。

第5章

AIは偏見をもたないか
── AIとリアリズム

　ここまでに、AIがフレーム問題やシンボル接地問題を抱えていることを指摘した。つまり、AIは、相互行為の状況に応じて意味を理解したり、するべき行為とは何かを理解したりすることが難しい。一方で、AIは、フレーム問題やシンボル接地問題を解決する必要はない、逆に、AIは人間ではないのだから、そうした解釈的行為とは関係なしに対象を客観的に理解することができるのだという見方がある。〈もの〉自体を、解釈的な枠組みを廃して、何らかの方法で理解することができるという考え方をリアリズムと言う。AIは、リアルに（＝リアリズム的に）対象を理解できるのだろうか。本章では最終的に、リアリズムそのものが妥当かを論じるのではなく、AIが対象をリアルにとらえることができるかという問題を2つの点から考える。1つは、日常的世界に生きる人たちが、AIの所産をリアルなものと見る「ポピュラー・リアリズム」の問題、もう1つは、統計が現実をリアルにとらえるかことができるか＝「AIは偏見をもたないか」、という問いである。

第1節　リアリズムの高まり

（1）生物的な物質主義の再興

　今日、解釈過程なしに対象をとらえることができるとするリアリズムの高まりを見ることができる。そして、それと平行して、生物的な物質主義（唯物論）＝生物還元論の動きがある。リアリズムに

ついて考える前に、その動きを見てみよう。それには、遺伝子研究や脳科学の発展の中で、人間の属性や相互行為のあり方が遺伝子や脳のニューロンによって説明できるのだという見方が含まれる。そして、その動きは、前章でも見たようなミラーニューロンによる役割取得の説明にも当てはまる。ここでは、人間のあり方を脳や遺伝子などの属性によって解明する傾向をもう少し詳しく見てみよう。

　例えば、ジェンダーやセクシュアリティ、あるいは人種の区分は社会的に構築されるのだという見方が、社会学の構築主義的な見方の定番であった。男と女、あるいは、LGBT＋などのジェンダーやセクシュアリティの区分が、生物的にあらかじめ決められているとする本質主義的な見方に対して、それらの区分は時代によっても社会によっても決して一義的ではなく、社会的構築の産物であり、同じように、白人、有色人種などの人種の分類も、生物に固有な特徴によって区分されるのではなく、植民地主義的な特定のイデオロギーの所産であると構築主義は考える。しかし、今日、ジェンダーやセクシュアリティ、人種などの区分は、脳や遺伝子の解明によって説明できるという生物的な物質主義＝本質主義的な考えが再興している。例えば、男と女は脳の一部の構造が異なっている、同性愛者は生まれた時から同性愛者固有の脳の構造をもっている、また、鎌状赤血球など、特定の人種は特定の病気をもたらす遺伝子をもって生まれてくる、など。その動きは、序章でも見たソーマ化の傾向とも対応している。なぜなら、ソーマ化とは、社会的な文脈を排除して、遺伝子や脳の伝達物質などの分子レベルの属性によって人間や社会を定義する傾向を意味していたからである。そうした生物的な物質主義の見方は必ずしも新しいものではないにしても、近年における脳科学や遺伝子などをめぐる分子生物学の発展が、その再興を後押ししていると言えるだろう。

　解釈的社会学にとっては、ジェンダーやセクシュアリティの区分、人種の区分、あるいは人間同士の相互行為にしても、それらは、対象をどうとらえるかという人間固有な解釈の枠組と離れては考えら

れない。それに対して、生物的な物質主義は、ジェンダーなどの区分や人間の相互行為のあり方が、人間の解釈過程と独立に説明できるという。その考えは、〈もの〉自体は、人間の解釈過程とは独立に説明しうるというリアリズムの考えにも通じている。

(2)哲学的なリアリズムの高まり

近年、とりわけ哲学の分野で、リアリズムの高まりを見ることができる。クァンタン・メイヤスーというフランスの哲学者が主張する「思弁的リアリズム (speculative realism)」やドイツの哲学者マルクス・ガブリエルの主張する「新しいリアリズム」が有名である。

思弁的リアリズムはメイヤスーに限らず、複数の人たちの集団的な運動として登場してきたと考えた方がいい。その集団の1人としてのアメリカの哲学者ゲオルク・ハーマンは、思弁的リアリズムの特徴を「精神 (mind) とは独立した世界の存在を認めるリアリズム」としている。つまり、人間の解釈過程とは独立に世界が存在すると考えるリアリズムが彼らの思考の出発点である。したがって、「世界そのものではなく、世界にいかに接近するか」を問う「相関主義 (correlationism)」を批判する (Harman 2018：3-4)。

一方、ガブリエルは、資本主義や民主主義など現代社会の問題にも積極的に発言している活動的な哲学者である。ガブリエルは、対象が「意味(意義 = Sinn, sense)の場」に現象するという、意味の場の存在論を主張する。例えば、ハムレットは、シェイクスピアの戯曲(物語)という意味の場ではリアルなものとして現象するが、日常生活の中にはそのようには現象しない。この見方は、一見すると、対象は文脈に応じて異なった意味をもつという解釈的社会学の見方とも通じるように思われるが、意味の場での現象は、解釈の所産ではなくリアルなものだという (Gabriel 2013：ch.2.)。

これらの見方は、どこまで徹底してリアリズムの立場を貫くかの点で多様である。本章での課題は、リアリズムそれ自体の説明やその妥当性の検討にあるわけではない。しかし、よりラディカルなリ

アリズム、つまり〈もの〉そのものを解釈的な枠組とは独立して把握できるとするメイヤスーの思弁的リアリズムについて、もう少し見ておこう。解釈的社会学を考える上で重要な指摘をしているからでもある。

(3)メイヤスーの思弁的リアリズム

　ハーマンの指摘したように、思弁的リアリズムは、リアリズムの立場に立つことで相関主義を批判的に乗り越えようとする点に大きな関心があった。相関主義とは何か、また、相関主義への批判がどのような関心に基づくものかを、メイヤスーの思弁的リアリズムに当たることによって、もう少し詳しく見てみよう。

　ハーマンの説明では、相関主義は「世界そのものではなく、世界にいかに接近するか」を問うものであった。言い換えれば、相関主義は、「精神との関係から分離された世界それ自体を把握することができない」と考える (Harman 2018：3-4)。つまり、「世界そのものではなく、世界にいかに接近するか」という表現は、精神は世界との関係の中にあるのだから、その関係から外に出て世界そのものを把握できないことを意味している。メイヤスーは、そのことを次のように表現する。「私たちは、透明な檻の中にいるように、意識ないし言語の中にいる。それらから出ることは不可能である」と (Meillassoux 2006：19[18])。つまり、相関主義の立場に立つ限り、人間は言語や意識の檻に閉じ込められた囚人なのである。こうした閉塞性を打ち破るために、関係の外に出ること、つまり、世界そのものに出会えるような見方が必要になる。それが、思弁的リアリズムである。この時、思弁的とは、世界そのものに接近しうると考える見方を総称している。したがって、思弁的リアリズムは、思考や意識を隔てていた壁を破る解放的な働きをする (Meillassoux 2006：59[63], 82[91])。

　では、どのようにして思弁的リアリズムは、思考や意識の壁を乗り越えて世界、あるいは〈もの〉自体を把握できるのだろうか。そ

の検討自体は、本論の論旨とは関係しないのでこれ以上ふれないことにする[1]。しかし、世界は、それに接する主体＝精神との関係を離れて、言い換えれば、解釈過程によってしか接近できないとする考えが自明とされる中で、解釈過程と独立して世界をとらえられるとするメイヤスーの考えは、それが成功しているかどうかはともかくとして、刺激的で魅惑的であることに変わりない。

　では、哲学的リアリズムの立場に対して、解釈的社会学はどのような立場に立つのだろうか。次には、リアリズムの相関主義批判に対して、どう応えるかを考えよう。

第2節　リアリズムと解釈的社会学

(1)パースペクティブに基づく対象へのかかわり

　解釈的社会学によれば、対象は、実践的な関心や動機に基づく特定の枠組をとおしてとらえられる。シンボリック相互行為論やシュッツの現象学的社会学の考えに基づいて、そのことを見てみよう。

　序章でも紹介したパースペクティブという考え方がある。シンボリック相互行為論者のタモツ・シブタニは、パースペクティブを次のように定義する。「自らの世界についての秩序づけられた見方であり、さまざまな物、出来事、人間などの属性についての所与とされた見方」であると (Shibutani 1955：564)[2]。そして、パースペクティブの特徴を考える時に重要なことは、パースペクティブが対象への見方を意味するだけでなく、それが対象へのかかわりを方向づけるものであるという点である。このように、人間は、さまざまな対象をあくまでパースペクティブをとおしてとらえ、また同時にそれをとおして対象にかかわっている。このパースペクティブという考えは、シュッツで言えば類型に対応する。類型は、レリヴァンスと深く結びついていた。つまり、対象のどの側面に注目し、それをどう解釈するかは、その人の動機、関心、在庫の知識などに依存す

る。その限りで、対象はまさにパースペクティブ的に見られるのである。シブタニのパースペクティブという考え方やシュッツの類型という考え方におけるように、日常的世界に生きる人たちは、自らの立場から、自らの動機、関心、在庫の知識などに基づいて対象をとらえ、そして、それに応じてかかわっているのである。

　パースペクティブによって対象にかかわるという例を、動物への関係で改めて説明しよう。例えば、日本人（の一部）は鯨を食べ、中国人や韓国人（の一部）は犬を食べる。鯨や犬を食べるための肉と見るか否かは、それらへの見方を示すと同時に、それらへのかかわりを指し示している。鯨を高等な動物と見る人は、鯨を食べることはないし、またそれ以上に鯨を食べる人たちを非難する。同じように、犬をペットと見なす人は、犬を食べることはないし、犬を食べる人を野蛮な人と避難する。それに対して、鯨や犬を食べる人は、鯨や犬を肉と見なし、そして、それらを実際に食べる。このように、鯨や犬は、それぞれの人間の異なったパースペクティブによって焦点化された上で、それらに対して人間はかかわっている。

　「〈もの〉(thing) がある状況の中でどう現れるかは、〈もの〉に固有な特性によるのではなく、行為者の関心、仮説などによる」とシブタニは言っている (Shibutani 1986：11)[3]。鯨や犬という〈もの〉を日常的世界に生きる人は見ているのではなく、あくまで、それを食べるとか食べないとかいう、実際的な関心やそれに結びついた見方、つまりは、パースペクティブ、シュッツの言葉では類型によってとらえ、そして同時にかかわっている。その限りでは、日常的世界に生きる人たちは、思弁的リアリズムの言葉で言えば、相関主義の中に生き、それを実践しているのである。

　パースペクティブや類型は、「民族」や「文化」によって共有される。つまり、鯨や犬を食べ物と見なし、実際に食べることは個人的な行いではなく、鯨であれば、例えば、日本人（の一部）や、犬であれば中国人や韓国人（の一部）の行いである。このように、パースペクティブや類型は「文化」や「民族」によって共有されている

（片桐 1993）。

　ここで改めて、文化や民族をどう見るかについて断っておこう。文化や民族という実体があって、それぞれが共通のパースペクティブや類型をもっていると考えてはいけない。鯨や犬を食べ物と見なし、そして食べるという行いは、日々の日常生活において実践されている。同じ「文化」や「民族」に属するとされる人でも、ある人は、鯨や犬の肉を食べることを自明なことと見なすかもしれないし、ある人は動物への虐待への非難や自然保護の高まりの中で、それらを食べるという行いに疑問をもっているかもしれない。このように、鯨や犬を食べるという見方や行いは、日々の具体的な人々の相互行為の中で確認されたり、疑問に付されたりする。こうした、日常的世界に生きる人たちの交渉的な実践から離れて、「文化」や「民族」が共通のパースペクティブや類型をもつとは言えない。このような見方は、解釈的社会学を発展させた認知社会学の見方にも固有なものである。

(2)「解釈の解釈」学としての社会学

　日常的世界に生きる人たちは日々相関主義を実践している、と言った。つまり、パースペクティブなどとして表現された特定の枠組をとおして対象を解釈し、かかわっている。社会学は、こうした日常的世界に生きる人たちの解釈を解釈する学問である。では、科学者としての社会学者の解釈という行いは、日常的世界に生きる人たちのもつパースペクティブ性や類型性という、特定の関心や見方に基づく固有性から自由で客観的なのだろうか。この点に関して、グールドナーは、社会学者も、日常的世界に生きる人たちと同じように、自分自身の固有なものの見方から決して自由ではないと指摘する。それは、どのようなことだろうか。

　社会学の理論は、社会学者の個人的な社会観や感情から決して自由ではなく、むしろ、それらを背景として成り立っている。その背景にある仮説が「領域仮説（domain assumption）」である。領域仮

説とは、例えば、人間は合理的なものか、それとも非合理的なものか、あるいは、社会は不安定なものか、それとも安定したものか、などのような人間や社会についての仮説的な見方である。そして、領域仮説は、特定の社会学者が小さい頃から積み重ねてきた日常的な経験によって形成され、その人の性格に埋め込まれた感情を伴うものだという。つまり、領域仮説は、経験の中でその社会学者が身につけた人間や社会についての見方であると同時に、感情を付加したものである。人間は不可解であり、社会は不安に満ちたものだ、という印象を自らの経験で抱いた社会学者は、人間を非合理的なもの、社会を不安定なものと見なすようになるかもしれない。逆に、人間はお互いに理解可能で、社会は幸福に満ちたものだと実感して育った社会学者は、人間を合理的なものと感じ、社会を安定したものと見なすようになるかもしれない（Gouldner 1970：ch.2.）。

このように、社会学をするという営みは、社会学者の領域仮説やそれに伴う感情を背景としている。その限りでは、社会学者（＝科学者）も、日常的世界に生きて、解釈過程を実践している人たちと何ら変わりはない。しかし、社会学をするという行いは科学的な営みであって、その過程には領域仮説や感情などの主観的な要素は介入しないのでは、と思う人がいるかもしれない。とりわけ、量的調査に基づく経験的研究は、科学的手法に基づく調査対象の選択やデータの統計的な処理に基づくものであり、その過程は研究者の主観的な要素が介入しない客観的な過程と思われがちである。しかし、グールドナーは、その過程にも同様の背景的な要素が介入すると指摘する。つまり、どのような問題を取り上げるかという課題の設定、どのような調査対象を選ぶかの選択、どのようなことを聞くかという質問紙の形成、サンプルの選択、統計的な分析など、客観的とされるすべての過程に領域仮説や感情が介入する。つまり、量的な経験的研究も、社会学者の解釈によって行われるのである。確かに、日常的世界に生きる人たちの解釈過程をより直接的に研究対象とする質的研究には、社会学者の解釈が入り込むと、人は想像するかも

しれない。しかし、より客観的と思われる量的な経験的研究も、1つの解釈過程に他ならない（Gouldner 1970：ch.2.）。

シンボリック相互行為論やシュッツの現象学的社会学などの解釈的社会学は、1960～70年代に登場し再評価された。それらは、科学的とされる研究が、研究者の主観（解釈）から自由なもの＝「価値自由」なものと見なされてきた傾向を批判し、客観主義的な科学観が、現状を固定し、肯定する働きをもつことを批判する動きの中で成立した。科学観の見直しの背景の中で、グールドナーの「社会学の社会学」（＝自己反省の社会学）、つまり、社会学の営みを自明のものとするのではなく、社会学のあり方を反省的に問い直す社会学が生まれ、また、「社会学の社会学」の営みが解釈的な社会学の展開を後押ししたのである（矢澤 2017, 片桐 1976）。

グールドナーの科学批判に基づいて改めて言えば、量的なものであれ、（解釈的社会学の方法である）質的なものであれ、社会学は日常的世界に生きる人たちの解釈的営みを社会学者のパースペクティブから解釈するという「解釈の解釈」学だと言える。その点では、数学や化学などの言語を使って、自然的事物をとらえようとする自然科学や思弁的リアリズムのように、日常的世界に生きる人たちの解釈過程とは独立に〈もの〉をとらえようとする立場の科学・学問に対して、社会学はあくまで日常的世界に生きる人たちの解釈過程を主題とする科学・学問だと言える[4]。

第3節　哲学的リアリズムからポピュラー・リアリズムへ
── AIをめぐる相互行為と他者理解

日常的世界に生きる人たちが、対象をパースペクティブや類型によってとらえ、そしてかかわっているあり方を見てきた。特定の動機、関心、在庫の知識などによって、特定の側面を焦点化し、他の側面を非焦点化することで対象にかかわっている。それが解釈過程に他ならない。AIが克服することが困難とされるフレーム問題や

シンボル接地問題は、日常的世界に生きる人たちが自明としているこのような解釈的行為がAIにできるかという問題と言い換えられる。そのことを、ここでもう一度確認しておこう。

(1)ポピュラー・リアリズムとは

　一方で、AIは人間でないがゆえに、人間のように解釈の枠組にとらわれずに、対象をリアルにとらえることができるというリアリズムの考え方が広まっている。そのことをどう理解すればいいのだろうか。前章では、AIは、フレーム問題やシンボル接地問題を解決できなくても、人間がAIに他者を読み込めば、相互行為や他者理解が可能である、すなわち、AIがそれらの問題を必ずしも解決しなくてもいいという話をした。しかし、AIが、リアルに対象をとらえうるという見方は、ある意味でAI理解をめぐる発想の180度の逆転と言える。なぜなら、AIは、フレーム問題やシンボル接地問題という、人間ならば自明なものとしている解釈という問題を克服することは難しい、にもかかわらず、逆に、AIは人間ではないからそうした解釈過程にとらわれずに、対象にリアルに接近できると考えるからである。

　解釈過程から独立して〈もの〉があり、言語などの表象（Vorstellung＝representation）がそれを鏡に映すように、リアルに＝ありのままにとらえることができるというリアリズムは、「素朴リアリズム」と呼ばれている。日常的世界に生きる人たちの間に広まっている素朴なリアリズムを、ここでは「ポピュラー・リアリズム」と呼ぼう。それは、専門の学としての心理学を離れて一般化したものを、ポピュラー・サイコロジー（通俗心理学）と呼ぶことに対応している。

　ポピュラー・リアリズムに注目する見方は、（広義の）関係的アプローチに対応する。なぜなら、その見方は、対象がリアルかどうかを科学的に問うのではなく、日常的世界に生きる人たちが、それをリアルなものとしていかにかかわっているか＝関係しているかを

問うからである。したがって、その問いは、日常的世界に生きる人たちがAIという他者をどう理解し接するかという、AIをめぐる相互行為や他者理解の問いでもある。もちろん、素朴リアリズムは、日常的世界に生きる人たちだけでなく、専門家ももち合わせている。〈もの〉が解釈過程とは独立に理解可能かは、哲学的リアリズムの検討で見たように困難な問いなのだが、素朴リアリズムは、まさに素朴にそのことを認めている。

　思弁的リアリズムは、AIが対象をリアルにとらえられるかという問題にはふれていない。その点では、思弁的リアリズムは、AIや動物との関連で人間や社会を問うという意味でのポストヒューマン論とは関係が薄い。では、思弁的リアリズムのような哲学的リアリズムと、AIをめぐる素朴リアリズムはどう結びつくのだろうか。

(2)思弁的リアリズムとAIをめぐるリアリズム

　この点で、情報・メディア論の専門家である西垣通は、素朴リアリズムが、日常的世界に生きる人たちの間に見られるだけでなく、自然科学者、AIの開発者の間にも広まっているとして、次のように言っている。「AIの根底にある考え方は、平たくいえば素朴実在論（＝素朴リアリズム）に基づいている。それは、コンピュータの数理的アルゴリズムに基づいて、世界（宇宙）の中の対象事物（即時的存在）に直接アクセスでき、人工的に知性を実現できる、というものだ」と（西垣 2018：104）。カーツワイルらのシンギュラリティ論やトランス・ヒューマニズム論も、そうした素朴リアリズムに基づいている。なぜなら、それらは、人間とは異なり、全体的な真理にせまれるような普遍的能力をもつ強いAIを実現することを目指すものだからである。

　しかし、AIに対しては、フレーム問題やシンボル接地問題などの提起があり、それらを克服することは困難だと思われている。そこで、その障害を乗り越えるための手助けとして登場したのが思弁的リアリズムのような哲学的リアリズムなのだ、と西垣は言う。な

ぜなら、哲学的リアリズムは、対象には何らかの枠組によってしか
アプローチできないという相関主義を乗り越えて、つまりは、フレー
ム問題やシンボル接地問題を克服して、〈もの〉そのものにアプロー
チしうると考える哲学だからである（西垣 2018：105）。もちろん、
思弁的リアリズムは素朴リアリズムではないし、〈もの〉そのもの
にアプローチする方法は垣間見たようにそう単純なものではない
（注1参照）。しかし、結果として、メイヤスーらの思弁的リアリズ
ムは、素朴リアリズムに立つAI論と現代の哲学的リアリズムとを
架橋することで、AIをめぐる素朴リアリズムに根拠を与えている。
この点で、思弁的リアリズムのような哲学的リアリズムと、AIに
おける素朴リアリズムは結びつくことになる。

(3)ポピュラー・リアリズムの広がり

　このような議論は大変興味深い。しかし、われわれの関心は、AI
論が素朴リアリズムに立つかどうかという問いそのものではなく、
AIをめぐるリアリズムが日常的世界に生きる人たちの間に広まっ
ているということにある。それが、ポピュラー・リアリズムの問題
である。今日AIによるビッグデータの分析がリアルに対象をとら
えることができるのではという期待、あるいは幻想が広まっている。
1つの例が、AIが作成したプロファイリングを、人間の主観を排し
た客観的な像だと見る傾向である。それには、犯罪の予防、顧客の
信用調査、採用や昇進の判断、婚活でのパートナー選び、医療での
臓器移植の候補者の選択など、さまざまなケースがある。

　それに加えて、美や価値、真理、信仰などにかかわるポピュラー・
リアリズムもある。美や価値に関しては、AIによる絵画、音楽、
小説などの芸術作品の創作、自分に見合った服やめがねの選択など
がそれに当たるし、真理に関しては、AIによる裁判の審理などの
事例がそれに当たる。ロボット開発者の石黒は、偏見をもつ人間に
対して、身体や脳を機械で補ったり置き換えたりすれば、偏見を解
消してより合理的な判断ができるようになると言う（石黒 2019：

130）。では、信仰へのポピュラー・リアリズムとはどういうこと
だろうか。同じく石黒は、ロボットが新たな宗教的な信仰の的にな
ると言っている。なぜなら、ロボットには、「人間の汚く、醜い部
分はなく、（ロボットは）人間の汚い部分が捨てられた存在」だから
である（石黒 2019：170-171）。はたして、人間はロボットを信仰
の偶像とするのだろうか。

第4節　AIによるビッグデータ分析とポピュラー・リアリズム

　AIは本当に対象をリアルに映すのだろうか、あるいは、偏見を
もたないのだろうか。さまざまなプロファイリングは、プロフィー
ル化した人を偏見なしに描くのだろうか、AIによる裁判は、公平
な判決を下すことができるのだろうか、信仰の的としてのロボット
は、汚い部分をもたない「純粋な」存在なのだろうか。考えるべき
テーマは沢山ある。その中でも、次には、その問いをAIによるビッ
グデータの分析をとおして考えよう。
　指摘したように、日常的世界に生きる人たちの間では、AIによ
るビッグデータの分析に基づく統計に対して、それが客観的でリア
ルなものだとするポピュラー・リアリズムが浸透している。では、
そうしたポピュラー・リアリズムを支える、ビッグデータ分析の特
徴とはどのようなものだろうか。

（1）AIによるビッグデータ分析のもつ特徴とは
—— 自動性、不透明性、客観視
　アマゾンなどの通信販売のサイトを利用して買い物をしている
と、こういう商品を買いませんかというダイレクトメールが入るこ
とが多い。それは、日頃の消費活動のデータから消費のパターンを
見い出し、この人だったらこの商品にも興味があるだろうという推
論に基づくマーケティングの典型である。はじめて送られた時は、

何か自分が見透かされているような不安感も覚えるが、慣れてくると意外と便利だと感じるかもしれない。

このような例を含めて、AIによるビッグデータの統計的な分析の特徴を、ここでは3点指摘しよう。その3つとは、データの自動的な収集、データの分析過程における不透明性、そして、データの統計的な分析結果への客観視、つまり分析結果へのポピュラー・リアリズムである[5]。AIは「現実(対象)」をリアルに=ありのままに映すのか、あるいは「AIは偏見をもたないか」という問いにもっとも関連するのは、言うまでもなく、第3の点、つまり分析結果への客観視である。

第1のデータの自動的な収集とは、当人の知らないところでデータが自動的に収集されることである。従来、統計のデータは、研究なり、行政なり、企業活動なりにしても、特定の意図をもって収集されたのだが、今日、インターネットや監視カメラなどのテクノロジーの発展によって、24時間休むことなく自動的にデータが集められるようになった。先の例で示したようなビッグデータ分析に基づくマーケティングも、ネット上で本人の知らないところで、当然、本人の許可なく自動的に収集される個人情報を根拠としている。同時に、そのことは、プライバシー問題や監視社会化の問題を引き起こすという大きな課題を抱えている[6]。

第2の、ビッグデータの分析過程における不透明性とは、個人や集団の行為が、推測不可能な=不透明なデータによって関連づけられることを意味している。妊娠の例で考えよう。妊娠している人が必要とする商品を売る広告を出すためには、誰が妊娠しているかを特定し、その人たちに集中して広告を出すことが有効である。誰が妊娠しているかを、産婦人科を受診したデータに基づいて推測することは透明性が高い。一方で、今日のビッグデータ分析は、例えば、妊娠していることと、大きめのバッグを買うという消費活動とが関連性が高いと判断する。妊娠していることと大きなバッグを買うことの関連性は、産婦人科を受診したことに比べて透明性が低いと言

える（山本 2017：260）[7]。

　そして、ビッグデータの分析をめぐる特徴としてあげられる第3
の点が、その結果への客観視であった。ビッグデータの分析結果は、
AIが大量のデータに基づいて、科学的な統計のアルゴリズムによっ
て分析したものだから、科学的で客観的な事実、つまり現実をリア
ルに映したものだと考える。そのことが分析結果への客観視である。
それは、ポピュラー・リアリズムを意味しており、日常的世界に生
きる人たちは、そう見なす限りでポピュラー・リアリストなのであ
る。

　これらの3つの特徴は相互に関連している。統計結果への客観視
という特徴を中心に考えれば、データの大量で自動的な収集は、統
計的な分析結果の科学的信頼度を高める根拠と見なされるかもしれ
ないし、データの分析過程の不透明性も、かえって、結果を客観的
な事実として受け入れるように働くかもしれない。

　このような統計をめぐるポピュラー・リアリズムが浸透する一方
で、次のような見方がある。データ収集や分析に基づく統計の分析
結果には、統計の専門家の偏見が介入し、その分析結果は、現実を
ありのままに映すもの＝リアルなものでは決してない、つまり、そ
れを作る人（＝統計の専門家）の解釈の所産なのだ、と。そして、
統計の結果を受け入れる人、つまり、日常的世界に生きるポピュ
ラー・リアリストには、その解釈過程が見えづらいのだ、と。

　日常的世界に生きる人たちのポピュラー・リアリズムを支える統
計自体がリアルに現実を映すものではなく、それ自体が解釈過程の
所産だという。それは、どういうことだろうか。そのことを、もう
少し詳しく見ていこう。そのための素材は、キャシー・オニールの
「数学的破壊兵器（weapons of math destruction）」という見方と、
ジョエル・ベストの統計の構築主義をめぐる議論である。

（2）ポピュラー・リアリズムへの再考 ── オニールの数学的破壊兵器

　データサイエンティストの肩書きをもつオニールは、プロファイ

リングなどのビッグデータ分析が数学的破壊兵器となるという刺激的な表現をしている。改めて説明すれば、プロファイリング（profiling）とは本来、文字通りプロフィール（profil）、人物像を描くことである。オニールは、その事例を、犯罪（誰が犯人か、誰が犯罪を犯すか）に限らず、人事（誰を昇進させるか）、金融（誰に融資するか）、医療（誰を医療の相手とするか）、教育（誰を受験生としてリクルートするか）など、さまざまな分野に求めている。その事例は、先に示したプロファイリングの一般的事例とほぼ重なっている。そして、数学的破壊兵器としてのプロファイリングが抱える典型的な問題は、自分が知らない間に、収入が低いとか、負債を抱えているとかいったプロフィールを勝手に作られることで、クレジットカードが使えなくなっていたり、融資の的から外されていたり、また、公共サービスを受けられなくなっていたりする金融の例に見ることができる（O'Neil 2016）。

　一方で、オニールの分析に限らず、プロファイリングの問題は、ビッグデータの問題と合わせて、「ヴァーチャル・スラム」「デジタル疎外」「デジタルレーニン主義」「データ自己」などとして人文・社会科学の分野でもさまざまに論じられている（Lupton 2016, 2019）。しかし、ここでは、プロファイリングのかかえる広範な問題を扱うことは課題とされない。オニールの言う数学的破壊兵器とは何かを、プロファイリングのかかえるさまざまな問題の中から、犯罪の予防システムの例を取り上げて説明しよう。

　オニールが取り上げるのは、アメリカのペンシルベニア州での犯罪予防システムである。それは、犯罪が起こりそうな地域にあらかじめ警察官を重点的に配置して、犯罪を未然に防ぐために考え出された。その基礎となるデータは、過去における逮捕や職務質問の有無である。つまり、今までの逮捕や職務質問が、どこで、何時頃、どの季節に、どのようなイベントが開かれた時に行われたかなど、それらに関する膨大なデータを分析し、その犯罪の発生を分析することで、犯罪を未然に防ごうとする。

ここには2つの大きな問題がある。1つは、犯罪の発生の基礎データを作る際に生じる問題である。なぜなら、逮捕や職務質問には、警察官の黒人（アフリカ系アメリカ人）への偏見や差別意識が介入しているからである。黒人は軽犯罪でも逮捕される確率が高いし、警察官が一般の人の車を止めて職務質問をするのも、白人が乗っている場合より黒人だけが乗っている場合の方が多い。このように、過去における逮捕とか職務質問とかの基礎データ自体が、警察官の偏見や差別意識によって作られているのである。そうした前提で、黒人居住区にはあらかじめ警察官が多く配置され、その結果、逮捕や職務質問が再生産される。反面、犯罪が少ないだろうと予測した白人居住区には、警察官が配置されないから、逮捕や職務質問の数は少なくなる。こうして悪循環が生じる。

　そして、第2の問題は、今度は統計が事実を固定化することである。悪循環の結果、黒人居住区では、多くの逮捕や職務質問が行われ、そのことが統計に反映される。とすると、黒人の多い地域で逮捕や職務質問が多いことは統計によって証明された事実だ、という認識が強化される（O'Neil 2016：87f. [134f.]）。

　このように、偏見や差別意識に基づく基礎データの作成→その基礎データに基づく警察官の配置→逮捕や職務質問の実施→逮捕や職務質問の統計への反映→黒人居住区では逮捕や職務質問が多いという認識の強化、という連鎖が生じる。つまり、特定の観点からデータが構築され、そのデータが新たな「現実の構築（construction of reality）」をもたらすという2重の構築性をそこに見ることができる。

　このような数学的破壊兵器は、生活のさまざまな領域に見られると同時に、生活に重大な影響や被害をもたらすものである。例えば、タクシーの配車先について、過去の客の利用情報に基づいて特定の地域に偏って配車をすることは実際に行われているが、そのことは人々の生活に害をもたらすことはないため、数学的破壊兵器とは言えないだろう。一方で、先のような犯罪の予防システムは、黒人へ

の偏見や差別を助長するという害を伴うものである。

　こうした悪循環の連鎖が起こる背景に、AIによるビッグデータの分析結果を「神の予言」と見なす傾向があると言う（O'Neil 2016：8［16-17］）。それは、統計に対する、日常的世界に生きる人たちがもつポピュラー・リアリズムそのものである。

第5節　統計は現実をリアルにとらえるか
── ベストの統計の構築主義

（1）オニールからベストへ

　オニールの数学的破壊兵器の見方から、統計はリアルに現実を映すものではなく、それを作る人の解釈枠組（偏見？）によって作られるものだという統計観を読み取ることができる。しかし、そのことはAIによるビッグデータの分析という現代のAI社会に固有の現象とは言えない。なぜなら、統計をめぐる問題は、新しいように見えても実は古くからある問題だからである[8]。そもそも、統計はリアルに現実をとらえるものではなく、特定の観点から構築されたものだという見方は、グールドナーの指摘にも見ることができた。グールドナーは、統計的な量的調査においても、質問の作成、サンプルの選択、統計的な結果の分析などの過程で社会学者の領域仮説や感情が介入することを指摘していた。つまり、統計の分析もそれを行う人の解釈過程なのである。そのことは、日常的世界に生きる人たちの解釈過程と何ら異ならない。そして、構築主義の立場に立つ社会学者であるベストは「統計のうそ」という表現で、そのことを、よりまとまった形で検討している。

（2）統計のうそ
①社会問題の統計の構築性

　ベストは社会問題の構築主義者として有名な社会学者である。彼は「統計のうそ」という表現で統計、とくに社会問題をめぐる統計

が現実をリアルに映すものではなく、特定の観点から構築されたものであることを強調する（中河 1999）。そこで取り上げられる社会問題の統計の事例は、必ずしも犯罪などのプロファイリングだけに限らない。統計の構築性をめぐるベストの議論を、オニールの議論を見たものと同じ枠組で見ていこう。それは、第1に、統計が現実をリアルに映すものではなく、特定の観点から作られたものであるという点、そして、もう1つは、そうして作られた統計が事実として見なされ、逆に現実を構築するという点である。

ベストは、統計が構築されたものであることについて、「誰が作ったか」「なぜ作られたか」、そして「どのように作られたか」という3つの問いを立てている（Best 2001：27f.［43f.］）。「誰が」には、社会問題の活動家、ジャーナリズムの記者、研究者などの専門家、行政の職員などが含まれる。「なぜ」という問いは、誰がという問いと結びついている。つまり、なぜ、特定の社会問題を取り上げるのかは、それぞれの利害関係者によって異なるからである。例えば、活動家であれば、社会問題を訴えるという関心や目的を強くもっているだろうし、専門家であれば問題の解明に、行政の職員であれば、問題の解決に関心や目的をより強くもっているだろう。そして、「どのように」作られたかという問いは、統計の作成過程に伴う問題を問うものである。

社会問題の統計の作成過程に伴う問題とは、社会問題自体が客観的な事実ではなく、何を社会問題とするかという、人によって異なる観点によって構築されたものであるという点にある。例えば、ベストの取り扱った児童虐待という社会問題を考えよう。アメリカで、1963年に報告された児童虐待のケースがおおよそ15万件だったのに対して、1995年には300万件近くになった。この数字の飛躍的な増加は、この30年あまりの間に児童虐待が飛躍的に増えたことを意味するのだろうか。統計的な数字を見る限り、そういうことになる。しかし、児童虐待という言葉で親の子への暴力を意味づけるようになったのは60年代以降のことである。つまり、児童虐待と

いう考え方が一般化し、ある行いを児童虐待と見なすようになったから、児童虐待が増大したとも考えられる。ある行いも、特定の時代にはそれが児童虐待と見なされ、そのサンプルとされるが、また異なる時代には、児童虐待とは見なされずに、サンプルとしてカウントされない。そのことが、サンプル数やサンプルの代表性の限界に当たる。どのケースを児童虐待とするかの基準が異なれば、63年と95年の児童虐待の総数を比較しても意味は薄いことになる（Best 2001：100f.［131f.］）。

　この点は、オニールのあげたビッグデータに基づく犯罪予防システムの構築でも同じである。なぜなら、逮捕や職務質問などの基礎データは「客観的な」事実ではなく、それらが行われる基準には警察官の偏見や差別意識に基づく作為が含まれており、その結果、逮捕や職務質問の過去のサンプルも、恣意の所産だと考えられるからである。つまり、「犯罪とは何か」の定義は、「社会問題とは何か」の定義と同様に、それをどう定義するかという観点から自由ではない。

　統計は、それを、誰が、なぜ、どのように作ったのかという作為に依存している。したがって、社会問題の統計も、特定の関心、目的、見方などの点から構築されたものと言える。しかし、そうであるにもかかわらず、作られた統計は事実として、現実をリアルに映すものとして受け入れられる。ベストは、それを統計の「物神化」と呼ぶ（Best 2001：160［203］,2004：138［194］）。そして、物神化されて受け入れられた統計は、今度は現実を新たに構築すると考えられる。この30年あまりに児童虐待が飛躍的に増え、家族が崩壊の危機にあると解釈されるように。このように、社会問題の統計は2重の構築性をもつ。

②正しい統計はあるのか

　一方で、ベストは、統計には正しい統計と間違った統計があると言う。見てきたように、社会問題の統計は、基本的に、誰が、なぜ、どのようにといった作為に依存して構築されたものであるならば、

つまり、統計が現実を正しく映すという考えを否定するならば、「それが正しい」とか「間違っている」とか言うことは矛盾しているのではないだろうか。しかし、ベストは、社会問題の定義、サンプリングの仕方、統計的手法が妥当かを検討することで、正しい統計を作ることはできると言う（Best 2001：58f.［82f.］）。つまり、ある社会問題の統計の構築性を、それを超えるメタレベルからとらえ直すことで、その統計が正しいかを判断しようとする。

　ベストは、社会問題の構築主義者の中でも文脈派に属する社会学者として位置づけられている。社会問題の構築のあり方そのものに注目する立場に対して、その社会問題の構築のメタレベル、あるいはその文脈を問おうとするのが社会問題の文脈派の見方である。その意味では、ベストが、社会問題の統計の構築性を指摘しつつも、その正しさを問うことは、社会問題の構築主義の文脈派らしい見方かもしれない。確かに、社会問題の定義、サンプリングの仕方、統計的手法などが妥当かを検討して、統計の正しさを見い出すことは妥当のように思われる。しかし、そのような統計の所産は現実をリアルに映すのだろうか。その過程は、誰が、なぜ、どのように、という作為に依存する統計の構築性をどこまで免れるのだろうか。

▌終節　ポピュラー・リアリズムにどう向き合うか

　本章の流れはこうであった。まず、はじめに、リアリズムなどの高まりがあることを指摘した。それに対して、社会学は、日常的世界に生きる人たちの解釈過程を解釈する「解釈の解釈」学であることを示した。一方、フレーム問題やシンボル接地問題で示される難問を逆転して、AIは解釈なしに対象をリアルにとらえることができるというAIのリアリズムが浸透していること、そして、哲学的リアリズムがAI開発者のそうしたリアリズム観を暗に支えるものでもあることを指摘した。しかし、われわれの関心は、哲学的リアリズムの検討そのものにあるのではなく、AIの浸透が、日常的世

界に生きる人たちのポピュラー・リアリズムを生み出していること
にある。なぜなら、リアリズムは哲学者などの間で用いられる概念
に限られることなく、日常的世界に生きる人たちの現実感を支えて
いるからである。そして、AIによるビッグデータ分析の特徴を整
理して示した上で、統計への客観視＝統計へのポピュラー・リアリ
ズムの進行と、その一方で、統計がそれを作る人の解釈の所産、構
築の所産であることを指摘した。最後に、統計へのポピュラー・リ
アリズムの議論を受けて、そうしたポピュラー・リアリズムにどう
向き合うべきかを考えよう。

　統計が構築されたものであり、一方で、その構築された統計がリ
アルなものとして物神化されることで新たに現実を構築するとい
う、2重の構築性をベストの社会問題の構築主義に見た。その指摘
は、犯罪のプロファイリングが偏見を交えて作られること、そして、
それが神の予言とみなされることで偏見を固定化することを糾弾し
たオニールの見方と共通する。では、こうした、物神化、ポピュラー・
リアリズムに対して、統計を受容する人たち、つまりは、日常的世
界に生きる人たちは、統計にどのようにかかわればいいのだろうか。

　ベストは、統計へのかかわり方を4つに分類する。統計を物神化
する人、素朴な人、シニカルな人、そして、批判的な人（Best
2001：161f.［205f.］）。物神化する人とは、統計を、人によって作
られたものではなく、現実を映すものとして見る人である。それは、
統計への疑いを全くもたない人であり、言い換えれば、統計への
ポピュラー・リアリズムを疑うことなく信仰する人の典型と言える
だろう。一方、素朴な人は、物神化する人より、多少の統計的な知
識をもっている見識のある人である。しかし、彼／彼女らも、基本
的には統計は現実を映すものとして受け入れる。第3のシニカルな
人は、統計には、それを作る人の意図が含まれ、そのために、統計
は人を操作するものだと考えて、統計にシニカルな態度を取る人で
ある。そして、最後の批判的な人は、統計を物神化してそのまま受
け入れたり、シニカルに斜めに見たりするのではなく、統計の限界

をふまえてそれを受け入れる人である。そして、もっとも望ましいとする統計へのかかわり方は、最後の批判的な人とされる。この見方にも、現実を表す正しい統計を認めるベストの姿勢を見ることができるだろう。

第4節では、ビッグデータ分析の3つの特徴を指摘した。そこでは、分析結果への客観視の他に、データが自動的に収集されること、分析過程が不透明であることがあげられた。データが自動的に収集され、その分析過程が不透明であることは、分析結果への客観視と合わさって、誰がその分析をするのか、なぜ、何の目的でするのか、どのようにしてその結果が出るのかを、日常的世界に生きる人たちにとってますます見えづらいものとする。ビッグデータのAIによる分析は、従来の統計と比べて、より強く神の予言とされ＝物神化され、ポピュラー・リアリズムをより深めるのだろうか。しかし、オニールがあげたビッグデータに基づく犯罪予防システムのように、誰が犯罪予防システムを作るのか（＝黒人に偏見をもつ警官が？）、なぜ、何のために黒人居住区に集中して犯罪予防システムを作るのか（＝黒人を取り締まるために？）、逮捕者や職務質問を受けた人のサンプル（偏見によって作られた？）に基づいてどのように犯罪が予測されたかなど、その作成の背後にはある意図が隠されている。ビッグデータ分析を含めて統計の所産を見る時に、その分析の過程も、日常的世界に生きる人たちと同じように、解釈という実践から免れることが難しいことに留意する必要があるだろう。

AIは対象を偏見無しに、リアルに映すことができるという考え方、つまり、AIのリアリズムについて指摘した。その例は、ここで検討してきた犯罪の他に、採用や昇進、婚活、医療での臓器移植候補者の選択などに見られるプロファイリング、さらには、美や価値、真理、信仰にかかわる事例などさまざまあった。美や価値に関してはAIによる芸術作品の創作、真理に関してはAIによる裁判の審理、信仰に関してはロボットの偶像化がそれに当たった。これらへのポピュラー・リアリズムを考えるときも、統計がそれを作る人

の解釈の所産であったように、プロファイリング、芸術作品、裁判、偶像化されるロボットなどにもそれらを開発する人の解釈という営みが、どのようにかかわっているかを問う姿勢を忘れてはならないだろう（Hannah 2019）。つまりは、「AIは偏見をもたないか」という問いを忘れてはならない[9]。

【注】

1　ただし、その論理を簡潔に紹介しておこう。メイヤスーは、絶対的なものにアクセスできると主張するあらゆる思考を思弁的と呼び、「理由律」を介して絶対的なものへとアクセスしようとする思考を「形而上学」と呼んでいる。そして、相関主義の見方が、〈もの〉自体への接近不可能性と理由律を前提とするのに対して、思弁的リアリズムは、事実や出来事が「事実性（factualité）」や「偶然性」という特徴をもって存在すると考える。理由律とは、あらゆる事物、出来事の存在には必然的な理由があるという原理であり、事実性とは、あらゆる事物や出来事が理由（律）なしにあり、かつ、実際に何の理由もなく変化しうるという、あらゆる事物のリアルな特性として理解される。そして、偶然性とは、何でも起こりうるということと同時に何も起こらないかもしれないということを意味している。これらをふまえて、〈もの〉自体は、理由律を前提とせず、事実性や偶然性において把握される＝〈もの〉自体に接近しうると考えられる（Meillassoux 2006：ch.2., 3.）。

2　パースペクティブという概念はもともとミードによって用いられた。ミードは、牛が牧草を食べるといったように、身体的な対象へのかかわりを含めてパースペクティブ性を考えた（Mead 1932：2-IV）。このようなミードのパースペクティブ論は、ヤコブ・フォン・ユクスキュルの環世界（Umwelt）論と共通すると言えるだろう。

　　また、シンボリック相互行為論者のアンセルム・ストラウスらは、マラリア蚊の例でパースペクティブ性を説明している（Lindesmith, Strauss & Denzin 1978：ch.1.）。それは、マラリアの原因が特定の蚊（従来ハマダラ蚊と呼ばれていた蚊）にあることがわかってから、その蚊へのかかわり方が変わったという例である。この時、ストラウスらは、マラリア蚊という名前づけによって、その蚊へのパースペクティブが変わることを指摘した。その際、（すでに蚊として名前づけられてしまっているが）〈蚊〉の〈もの〉としての特性を否定しているわけではない。しかし、名前づけ無しに〈蚊〉にかかわることはできない。このストラウスらの〈蚊〉に関する見方は、ブルーノ・ラトゥールがあげた、ルイ・パストゥールによる乳酸発酵素の発見（発明）の例と共通している（Latour 1999：ch.4.）。

3　さらに、〈もの (thing)〉とは異なって、「対象は、社会的な相互行為とのか

かわりによって成立する。……対象のもつ意味とは、その対象に対してどう行為するかの組織づけられた方法の中にある」とシブタニは言う (Shibutani 1986：34)。

4 メイヤスーは、〈もの〉それ自体に迫れるのは数学の言語だと言っている (Meillassoux 2006：121 [136])。一方、数学や化学などの自然科学の言語も普遍的なものではなく、文化相対的な解釈の枠組みだという見方もあるが、それらの問題にはここでは立ち入らない。なお、自然科学と「解釈の解釈」学としての社会学の区分は、広く自然科学と人文科学の区分にも対応する。

5 山本龍彦は、ビッグデータ分析の特徴を5つに分類している。その5つとは、1．データの量、2．自動性、3．科学的信憑性、4．意外性（予測困難性）、5．項目の広汎性・網羅性である（山本 2017：258-260）。ここでのデータの自動性は、山本の指摘する特徴の2に、不透明性は4と5に、そして、客観視は3と4に対応するだろう。1のデータ量は、ビッグデータ分析の特徴としては前提になるものなので、あえて特徴の1つには加えなかった。

6 個人情報のコントロールは今日のプライバシー権の基本的な前提であるが、そのようなコントロールはビッグデータの自動的な収集においてほとんど不可能だろう。

プライバシーをどう考えるかにさまざまな見方がある（片桐 1996）。プライバシーの問題は、デジタル社会としての現代にはじまったわけではない。1960年代ころに、ゴフマンは、プライバシーを自分の領域とし、それを構成する要素として、空間的なテリトリー、私的情報、所持物の3つをあげた（Goffman1967：69f. [65f.]）。空間的なテリトリーとは、他者が近づいてきた時に不快な気持ちを抱くような空間の範囲であり、私的情報とは、日記の内容のような人に知られたくない情報であり、所持物とは、身につける服装や自分の部屋に配置された物などを意味している。他人が、これらの自分の領域を犯す時、プライバシー＝自分の領域が侵されたと感じる。これが、プライバシーについてのゴフマンの説明である。

現代のデジタル社会でのプライバシー問題との違いがあるとすれば、それは、第1に、プライバシーの侵害が〈ここ〉という空間的なテリトリーの侵害として語られていたことだろう。もちろん、現代でも空間的なテリトリーの侵害が意味を失ったわけではない。しかし、今日では、私的情報＝個人情報は、〈ここ〉という空間的な制限とは無関係に個人のコントロールを超えて自動的に大量に拡散している。そして、第2に、自動的な拡散は、プライバシーへの侵害の問題を超えて、監視社会化への危惧をもたらしている（Lupton 2016, 2019, Zuboff 2019）。それらの点が、ゴフマンの時代のプライバシー問題と現代でのプライバシー問題の大きな違いだろう。

プライバシー問題は、新しいように見えても長く検討されている問題だが、今日のデジタル社会において、プライバシーとは何かについて新たな

検討が待たれている（阪本 2009）。

7　こうしたビッグデータの分析過程の不透明性も元来、統計に付き物である。ビッグデータ分析に用いられる、相関分析やクラスター分析、因子分析などのアルゴリズムは、アルゴリズムという言葉は当時用いられなかったとしても、その基本的なソフトは半世紀も前に使われていた。かつて、「映画に行く」ことと、「住んでいる部屋が狭い」ということが同じクラスターに入ったという例があった。この時、社会学のある大先生が、部屋が狭いと居場所がないので映画を見にいくのだと説明づけたが、はたしてその説明には透明性があるだろうか。もちろん、半世紀も前の水準と比べて、今日では、データを処理するコンピュータの能力は圧倒的に高くなり、コストも圧倒的に安くなり、また、利用方法も圧倒的に簡単になったという違いはあるにしても。

8　本章の注6や注7で示したように、ビッグデータの分析のもたらすプライバシーの問題や分析結果の不透明性の問題を含めて、これらの問題はAIがはじめて引き起こした問題ではなく、新しいようでいて古くからある問題なのである。

9　偏見の問題とは異なるが、ロボット兵器は人間のような解釈的行為から自由だという見方がある。地上戦で直接に敵を前にしても攻撃を躊躇することはなく、ストレスをためることもない。したがって、従順な兵士を育成する軍隊教育も不要だし、ストレスを癒やすための「慰安婦・夫」も必要ないので、「理想的な」兵器（兵士）だと言われている。しかし、自動運転車がトロッコ問題などの倫理的な問題を抱えているように、ロボット兵器はそれを作る人の解釈的行為と全くかかわることなく開発できるのだろうか。

　また、1950年に、生化学者でSF作家のアイザック・アシモフが、自立したロボットが人間に危害を加えないための「ロボット（工学）3原則」を提案した。すでに戦場に導入されているロボット戦車などのロボット兵器を見るとき、アシモフの恐れたことは、SFではなく現実化しているように思われる。

終 章

人文・社会科学の危機？
―― 2つのポスト人文学

第1節 ポスト・ヒューマニズムとポスト人類中心主義
―― ポスト人文学の課題

（1）人文・社会科学はホビーか

　AIや分子生物学などの先端科学は日常生活にも大きな影響を及ぼしつつある。それら先端科学が今後引き起こすと予想される変化はさまざま現象に見ることができる。もっとも現実視されている現象は、AIが産業構造を大きく変えることだろう。AIの発展は新たな格差、あるいは階級社会を生むと言われている。AIの発展によって職を失う人、AIにはできない職につける人、AIを開発したり操作したりする人、さらに、AIに使われる人たちの間に格差が生まれることについては、すでに指摘した。産業構造を変えるのは、AIによる自動運転車の普及やAIの軍事的な利用についても言えるだろう。自動運転車の普及は、自動車産業の構図を大きく変えるかもしれないし、AIの軍事的な利用も新たな軍事産業を生み出すだろう。とりわけ、ダイナマイト、原子爆弾に次ぐ、軍事上の第3の技術革新と言われるAIの軍事的な利用は、やはりAIをめぐるサイバー攻撃と合わさって、産業構造のみならず世界のパワーバランスを大きく変えるかもしれない。

　関係的アプローチから言えば、属性の変化がそのまま関係の変化をもたらすとは限らないにしても、AIを含めた先端科学の発展は、「種としての人間」を超える能力（＝属性）を補ったり人工的に変え

たりすることで、健常者と障害者、若者と高齢者、男性と女性などの差異を変えていくことが予想される。象徴的には、パラリンピックに見られるように、障害をもつスポーツ選手が身体を補強、強化して健常者の記録を抜くことが現実視されている。そして、より一般的には、〈外部〉から身体を強化する（AI化した）パワードスーツは、広く、健常者と障害者、若者と高齢者、男性と女性などのカテゴリーの区分を変えるかもしれないし、近い将来予想される遺伝子操作、（認知症などへの対策としての）記憶の補填、脳波による身体の加工などの〈内部〉からの身体の改造も、倫理的な問題を抱えているが、障害者と健常者などのカテゴリー的な境界を融解するだろう（Gray 2002）。また、SF的ではあるが、シンギュラリティ論が言うように、人間同士の脳がコンピュータによって結ばれたり、ナノテクノロジーによって病気が克服されたりすれば（Kurzweil 2005）、自己と他者、生と死といった従来の根源的なカテゴリーの区分が解体するかもしれない。

　先端科学による人間と動物との境界の融解も現実味を増している。ハラウェイは、サイボーグ宣言や伴侶種宣言をとおして、人類中心主義的な考えを批判し、人間と動物や機械との境界の流動化、人間のサイボーグ化を指摘した。その際の人間と動物との境界の融解とは、ペットである犬と人間との境界が融解することだけではなく、分子生物学がもたらすオンコマウスと人間との新たな境界の融解をも意味していた。そして、先端科学がもたらした人間と動物の境界の融解のもう1つの例には、動物の臓器の移植や動物との交配があった。

　動物の臓器を人間に移植する試みは現実味を帯びている。動物の遺伝子を人間の身体に合うように加工して、その加工された臓器を人間に移植する試みがある。その具体的な動物の例は豚である。人間の器官よりも「良質」の心臓、肝臓、肺、膵臓などをもつ豚を、遺伝子操作で生み出すことができるだろうという声もある（Silver 2006：ch.2.）。

動物の権利論から見れば、人間の利益のために動物の身体を加工したり、それを生きたまま取り出して人間に移植したりすることは許されない。キムリッカらは、生きた人間の臓器を他の人間に移植することが悪であれば、同様に生きた動物の臓器を取り出して人間に移植することは悪であると言っている（Donaldson & Kimlicka 2011：52 [31]）。しかし、動物の身体への加工が認められたとしたら、人間の遺伝子に合うように操作された豚は人間なのだろうか、あるいは、豚の臓器を移植された人間は豚なのだろうか。

　一方、人間と動物との交配はどうだろうか。それは、現在ではまだSF的な話のように思われる。しかし、シルヴァーは、チンパンジーと人との交配は遺伝子的に可能性があるとし、次のようなエピソードをあげている。それは、大学のゼミの女子学生が、自分の卵子とチンパンジーの精子を受精させて、その受精卵を自分の子宮で育て、その過程を卒論でまとめたいと、申し出られたという事例である（Silver 2006：ch.16., 岡本 2018：127）。人間と動物との交配は、科学的にも倫理的にもハードルは高い。一方で、この学生の発想や、あるいは、獣姦にしても、動物とのより情動的な一体化を求める動物性愛にしても、動物との性交の存在は人間と動物とが交配することに現実感をもたらしている。オーストラリアの芸術家のパトリシア・ピッチニーニは、オランウータンと人間が交配することで生まれた新たな生物をリアルに造形した「家族」という作品を制作した（中沢・長谷川 2010）。その、交配によって生まれた人間、あるいはオランウータンの造形を実際に見た時に感じた一種の吐き気は、それが、単なるSFではない現実味を帯びているからだろうか。

　ブライドッティは、こうした自然科学の分野における進歩とそれに伴う人間や社会への影響に対して、人文・社会科学は何ができるのかを問おうとしている。実際、ヨーロッパの大学では、人文・社会科学は無用でホビーに過ぎないという見方もある（Braidotti 2016：14）。それは、ネオリベラリズムの進行する中で、利益をもたらさない科学は不要という考えを背景としている。日本も例外で

はない。税金で運営している国立大学（法人）には人文・社会科学の分野は必要がないという意見もあった。諸科学の間での科学戦争はこれからも続くだろう[1]。

（2）人間と動物やテクノロジー・機械との境界の融解、再考

　こうした人文・社会科学の危機に対して、ブライドッティは、従来の人文・社会科学が、人間・人類中心的であり、動物や植物、バクテリア、地球、あるいは付け加えれば、AIを含めたテクノロジーなどとの関連の中で人間・人類を位置づけるような人文・社会科学の必要性を主張する。それが、ポスト人文学である。当然、ポスト人文学が、他の自然科学との共同の中で位置づけられることは言うまでもない。

　しかし、人間を機械や動物との関連で見ようとする（ポストヒューマン論に根ざす）ポスト人文学は決して新しいものではない。序章でも紹介したように、マズリッシュは、機械と人間の境界の融解を第4番目に位置づけていた（Mazlish 1993）。改めて説明すれば、はじめの境界の融解は、地球が宇宙と連続していることがわかったこと、第2は、人間が（他の）生物と違わないことがわかったこと、第3は、人間の精神と身体とが区分しえないことが示されたこと、そして、第4は、人間が機械と連続的なことがわかったこと、によってそれぞれ引き起こされた（第3章注5参照）。今日のAIに象徴されるテクノロジーや機械と人間の境界の溶解という現象は、「人間とは何か」を考える上で重要な出来事である。

　マズリッシュは機械と人間の境界の融解を問題とした。しかし、その境界を融解するのは必ずしも非有機物としての機械に限らず、バイオテクノロジーなどの先端科学をも含んでいる。生物に関するテクノロジーが人間のあり方や人間と動物の関係を大きく変えようとする。また、地球と宇宙の境界の融解や、動物と人間の境界の融解をどう見るかも、現代では、それぞれが発見（指摘）された当初の時代とは大きく異なっている。それらのことを踏まえて言えば、

AIやバイオテクノロジーなどの先端科学が、人間や社会のあり方を支えてきたカテゴリーをどのように変えていくかに注目することは重要である（Sandel 2007）。

(3)新たな人文・社会科学＝ポスト人文学の構想

　人間と他の存在との境界やその融解をふまえて、新たなポスト人文学（＝社会科学を含めたポスト人文・社会科学）を構想することが必要となる。その時、他の存在との融解や関係の中で人間を見ることは、今日のポストヒューマン状況の下で不可避とされるだろう。

　しかし、そもそも、人間は1つのまとまり（＝同一性）をもったものだろうか。人間というカテゴリーは近代の所産であり、それは、社会学が発見したような人間＝（近代的）個人像に対応する。さらに批判的ポストヒューマン論が指摘したように、その発見された人間は〈Man〉であり、男、大人、白人、健常者、キリスト教徒などであり、その他の、女、子供、有色人種、障害者、異教徒などの人たちは人間ではなかった。そこでは、前者の属性をもつ人間と、後者の属性をもつ「人間＝Man以外の存在」は明確な境界によって仕切られていた。つまり、人間と、宇宙や動物、機械との間にあるような境界は、人間同士の間にも存在していたのである。また一方で、序章での私化や心理化論、ソーマ化論で指摘したように、それ以上還元できないとされた自律・自立的な（近代的）個人（＝the individual）という自己の同一性は、私的領域、あるいは、心や分子生物的な単位にまで、「内に」向かってさらに分解されつつある。

　ブライドッティのポスト・ヒューマニズム論やポスト人類中心主義は、人間同士の間での境界とその融解、そして、人間と動物との境界、人間とテクノロジーや機械との間の境界とその融解という2つの側面をテーマとした。前者のポスト・ヒューマニズム論は、人間が〈Man〉であり、男、大人、白人、健常者、キリスト教徒などであったことを指摘すると同時に、人間が普遍的で同一的な存在ではないことを強調した。そして、後者のポスト人類中心主義が主張

したことは、人間を、動物との関係、テクノロジーや機械との関係の中に位置づけることであった。その関係も人類を中心に置くものではない。そして、人間が動物、テクノロジーや機械と共に形成する社会＝ポストヒューマンのわれわれ（we）も、ポスト人類中心主義に基づくべきものであった。

このように、ポスト・ヒューマニズム論は、〈Man〉としての人間というカテゴリーの再考を目指すものであり、ポスト人類中心主義は、人間を動物や機械・テクノロジーとの関係でとらえ直すことを目指すものであった。それらは、あわせてポスト人文学を構成する。しかし、ブライドッティは、従来の人文・社会科学が、とりわけ、動物や機械・テクノロジーという他者について語る語彙をもち合わせていなかったと言う（Braidotti 2016：20）。それが、今日の人文・社会科学が抱える1つの課題、あるいは危機？である。

第2節　人文・社会科学は人間という枠から出られるか
── もう1つのポスト人文学

(1) AIと人間・動物との違い

AIを考える時に、フレーム問題やシンボル接地問題が重要であることを指摘した。AIは、それらの問題を克服できるかが大きな論点となっている。その問題に関して2つのことを指摘した。第1は、AIはフレーム問題やシンボル接地問題を克服できなくても、人間がAIに人間と同じように他者を読み込めば、人間とAIとの相互行為は可能であるという点である。そして、第2は、AIは人間ではないので、フレーム問題やシンボル接地問題のような問題をもたないがゆえに、対象をリアルにとらえることができるというAIのリアリズムの見方である。

AIはフレーム問題やシンボル接地問題を実際に克服できているのだろうか、あるいは、できていなければ将来克服が可能なのだろうか。西垣は、AIはフレーム問題やシンボル接地問題を克服する

ことは困難だと主張する。なぜなら、人間を含む生物有機体のシステムは、「自律系」あるいは「閉鎖系」という特徴をもつのに対して、AIは、「他律系」あるいは「開放系」という特徴をもっているからである。それは、「オートポイエーシス」というシステムについての考え方に由来する。このオートポイエーシスという考えは、フランシスコ・ヴァレラとウンベルト・マトゥラーナという生物学者が提唱した。彼らは、（カエルなどの）動物の視覚が、対象をありのままに映すのではなく、それぞれの視覚の器官に応じて構成されていることを指摘した。つまり、人間の見ている世界と動物が見ている世界は同一ではない。視覚の世界は、それぞれの視覚の枠組が構成する＝自分で自分の視覚の世界を作るという点で、一般に生物は自らの枠組を超えて世界の外に出ることはできずに、その枠組に閉じられていることになる（Matunara & Varela 1980）。こうした考えを広げて、人間の心や社会も同様の構造をもつと考えたのが、社会学者のニクラス・ルーマンらに代表されるオートポイエーシスなシステムという考え方である（今田 1986）。

　そのことを西垣は次のように説明している。「『自分で自分を創出する』というのがオートポイエーシスであり、ここで、『生物』という存在が明確に定義されたといってもよい。生物は環境との相互作用のなかで、自ら周囲を観察し、内部的に世界を構成しつつ、行動を続けていく」。したがって、生物は情報をそのまま受け取って世界を認識しているのではなく、情報を解釈して「主観的世界」を構成していることになる（西垣・河島 2019：72）。それが、閉鎖系や自律系の意味するものである。それに対してAIは、外部からの情報をそのまま受け取り、また、その作動が人間によってセットされるという点で解放的、他律的である（西垣 2018：117）。したがって、フレーム問題やシンボル接地問題は永遠に克服できないことになる。できないというより、問題の立て方自体が根本的に違うと言った方がいいかもしれない[2]。

　オートポイエーシスなシステム論は、人間の意味づけという解釈

過程を問わない点で、解釈的社会学などとは視点を異にしている。しかし、後者の見方も、それぞれの解釈枠組に基づいて対象をとらえ、そしてかかわるという点を強調した。その限りで、人間は、自らのとらえる世界に閉ざされていることになる。

(2)思弁的リアリズムの問い —— もう1つのポスト人文学

これらの見方に対して、哲学的リアリズム、とりわけ思弁的リアリズムは、〈もの〉をリアルにとらえることができると主張し、一方で、人間との関係の中でしか対象をとらえることができないとする相関主義を批判した[3]。

このこととポスト人文学はどう関連するのだろうか。今日の哲学的リアリズムは、ポスト人文学とも言われている (飯盛 2019)。しかし、ポスト人類中心主義のようにAIや動物との関連で人間をとらえることを主張しているわけではない。それがポスト人文学と言われるのは、相関主義的な人文学を越えて、リアリズムの立場に立つ人文学を志向する点でポスト人文学だからであり、それゆえに、人間中心的な視点から現実をとらえる見方を越えようとしているからである。したがって、その批判の的は相関主義にある。相関主義は、人間の解釈枠組、メイヤスーの思弁的リアリズムの表現によれば、言語や意識の枠組からしか現実をとらえることができないと考えるからである。

思弁的リアリズムは、相関主義の見方を乗り越えて、つまり、人間中心的な見方を乗り越えて、〈もの〉自体をとらえる必要があると主張した。それは、同時に、言語や意識からの解放をも意味していた。その主張の根拠が妥当かどうかはともかく[4]、相関主義を人間中心的な見方とし、その限界を乗り越えようとする姿勢そのものは意義深い。社会学 (などの人文・社会科学) は原則、日常的世界に生きる人たちの解釈過程を解釈する「解釈の解釈」学であった。したがって、解釈的社会学などの視点からポストヒューマン現象を問うことは、人間中心的な視点から、「ポストヒューマン (＝人間

中心的でない）現象」をとらえるというパラドクスを抱えているとも言える。それは、ただの言葉遊びに過ぎないかもしれないが、スリリングな問いかけでもあることに間違いはない。このようなパラドクスが、もう一つのポスト人文学の提起する課題であり、今日の人文・社会科学の抱える課題、あるいは危機？である[5]。

　現在の人文学における、AIなどのテクノロジーや機械、動物との関連で人間を問う視点の不備を訴えたポスト人文学、そして、人間中心的な人文・社会科学の再考を促すリアリズムに立つポスト人文学、これら2つのポスト人文学がもたらす人文・社会科学の課題、あるいは危機？を指摘したところで本書を終えることにしよう。

【注】
1　私より10歳程年配の社会学者のI先生が、最近入院して手術を受けられた。その際、医療の進歩に感心され、一方で、社会学は進歩しているのだろうかという感想（あるいは疑い）を私に語ってくれたことがあった。

　　なお、理系の学問に対して人文・社会科学系の学問を社会に役立たないものと見る傾向は、先端科学の発展した現代だけに限らない。高田里惠子は、戦前の日本における「文系知識人の受難」について指摘している（高田2010）。

2　過去において無数の人たちが行った相互行為の無数のビッグデータの中から、その状況にふさわしい特定の行為が何かを推論することができるようになれば、それは、フレーム問題を克服することになるのだろうか。そうしたことができるAIは、あくまで弱いAIなのだろうか。それとも、強いAIと言えるのだろうか。「フレーム問題を克服する」という問いは、難しい問題をはらんでいる。

3　その批判の1つに、「祖先以前的問題」とメイヤスーが呼ぶ問題がある。それは、どのような問いだろうか。

　　人類は、いろいろな説はあるにしても、おおよそ200万年前くらいに登場したと言われている。それに遡って、地球上の生物は35億年前頃に誕生し、地球は45億年前頃に形成され、そして、宇宙は135億年前頃に誕生したと言われている（Meillassoux 2006：24［22-23］）。人類が生まれる前の世界を考えることが祖先以前的問題である。人類の誕生以前に地球や宇宙があったことは、あくまでその時々の科学の見方によって、人類が存在する以前の化石などの分析から年代を分析し、宇宙や地球の歴史を物語ることで説明されいている。では、なぜ、それが問題なのだろうか。相関主

義は、人間の認識枠組をとおしてのみ世界（対象）がとらえられると言った。では、人類が誕生する以前の世界はそうした相関性自体がなかったのだから、どうして相関主義はそのような世界をとらえることができるのだろうか。それが、祖先以前性の抱える問題である。そして、相関主義の立場から描かれた人類の歴史は、地球が6000年前にできたという聖書の物語と違わないという。なぜなら、神が、6000年前に、地球の年齢を示すような放射性物質を創造したかもしれないからである（Meillassoux 2006：36 [36]）。

　　この祖先以前的問題の問いの妥当性についてはここでは問わない。しかし、西垣は、祖先以前的世界の記述は、現在の科学の段階に基づく仮説から構成された物語であり、それが、あたかも客観的な事実であるかのように権威づけられたものにすぎないと指摘する。そして、そのことは、思弁的リアリズムが目指す数学の言語で記述される仮説でも変わらないという（西垣 2018：110-111）。

4　丸山の「こと分け・身分け」という見方は（第1章）、メイヤスー的に言えば、人間が「言語や意識」の枠に閉じ込められていることを示しているし、西垣の指摘する閉鎖系や自律系としての生物という見方も（本章）、言語や意識に限られることはないが、生物が特定の枠に閉じられていることを意味している。また、そのことは、解釈的社会学におけるパースペクティブや類型という見方に当てはまる。はたして、このような枠を超えて〈もの〉をリアルにとらえることは可能なのだろうか。

5　リアリズムの問題と解釈的社会学との関連については、刊行予定の（片桐 2022）で概要を書いたので参照のこと。

あとがき

　AIや動物などポストヒューマンについて研究するようになると
は思ってもいませんでした。そのきっかけは、社会学的な自己論の
第一人者で、南オーストラリア大学のアンソニー・エリオット教授
から、「AIと自己」をめぐるテーマで共同研究をしようともちかけ
られたことにあります。それは数年前のことでした。本書でも依拠
したブライドッティの *The Posthuman* (Braidotti 2013) などをエリ
オット教授から薦められて読みはじめたのですが、このテーマが今
までやってきた自分自身のテーマや視点と密接に関連していること
に気づき、本格的に研究に打ち込むようになりました。従来の研究
はその間一時的に中断を余儀なくされましたが、この数年来、この
テーマを考えることで大変楽しい時間を過ごすことができました。
このような刺激的なテーマを与えていただいたエリオット教授には
感謝の気持ちでいっぱいです。

　共同研究は、2016 年度にトヨタ財団の研究費を得て、その成果
は、すでに "The Development of Aged Care Robots in Japan as a
Varied Process" (Hsu et al. 2020) として公表されています。この
調査研究は、ロボットの開発者へのインタビューを主とするもので
すが、私は個人的に（近い将来入所するかもしれない）高齢者施設
を訪ねて、介護用のパワードスーツやソーシャル・ロボットの導入
に関して職員の若干の方にもインタビューをしました。この調査研
究から学んだものは多くありましたが、この調査結果の報告にとど
まらず、よりまとまった研究成果を出したいと思い、その後も研究
を続けてきました。すでに、エリオット教授は、3 年前に *The
Culture of AI* (Elliott 2019) という本を Routledge 社から出されて
いるので、私も同じように研究の成果を公表できたらと願っていま

した。『社会学理論応用事典』（日本社会学会 理論応用事典刊行委員会編、丸善出版）の編集幹事として出版のお手伝いをした時にお世話になった、丸善出版の安部詩子さま、および関係者の方々には、私の願いを受け入れていただき感謝の意に堪えません。この場を借りて改めてお礼を申し上げます。

　なお、今回の本は、序章で既刊行の論文（片桐雅隆（2019）「『人間』の語られ方－ポストヒューマンの社会学序説」『立正大学文学部研究紀要』第35号）の一部を用いましたが、基本的にはすべて書き下ろしです。

　エリオット教授の *The Culture of AI* は、遠藤英樹・立命館大学教授他によって明石書店から、期せずしてほぼ同時期に出版されることになっています（遠藤英樹・須藤廣・高岡文章・濱野健訳『デジタル革命の社会学－AIの文化（仮題）』2022年予定）。エリオット教授の本は、（本文中でもふれましたが）ポストヒューマン論というよりは、主にAIの具体的な社会的影響を中心に論じたものです。おこがましい言い方かもしれませんが、AIの社会的影響を論じたエリオット教授の本と、ポストヒューマンへの基本的な社会学的視点を示した拙著とが合わさって、AI論を含めたポストヒューマン論全般への社会学的な見方をかなりの程度カバーしうるものになるのではと思っています。いずれにしても、拙著が、ポストヒューマン（論）の分野におけるこれからの社会学的研究の礎（あるいは、捨て石？）になれば幸いです。

2022年1月

　　　　　　　　　　　　　　　　　　　　　　　片 桐 雅 隆

文献リスト

A

秋谷直矩他 (2007)「介護ロボット開発に向けた高齢者介護施設における相互行為の社会学的分析」『電子情報通信学会論文誌』90-3.

Adams, M. (2020) *Anthropocene Psychology: Being Human in a More-than Human Worlds*, Routledge

Annas, G.J., L.B. Andrew, & R.M. Isasi (2002) "Protecting the Endangered Human: Toward an International Treaty Prohibiting Cloning and Inheritable Alternations", *American Journal of Law and Medicine*, 28-2・3.

新井紀子 (2018)『AI vs. 教科書が読めない子どもたち』東洋経済新報社.

荒木健治他 (2016)『心を交わす人工知能—言語・感情・倫理・ユーモア・常識』森北出版.

Alger, J.M. & S.F. Alger (1997) "Beyond Mead: Symbolic Interaction between Humans and Felines", *Society and Animals*, 5-1.

麻生武 (2014)「生き物との交流とロボットの未来」岡田美智男・松本光太郎編著『ロボットの悲しみ—コミュニケーションをめぐる人とロボットの生態学』新曜社.

B

Beck, U. (2002) *Macht und Gegenmacht im globalen Zeitalter*, Suhrkamp. 島村賢一訳『ナショナリズムの超克』2008年, NTT出版.

Beck, U. (2008) *Der eigene Gott*, Verlag der Weltreligionen. 鈴木直訳『〈私〉だけの神』2011年, 岩波書店.

Beck, U. (2011) "Varieties of Individualization", 「個人化の多様性」(伊藤美登里訳) ウルリッヒ・ベック・鈴木宗徳・伊藤美登里編『リスク化する日本社会—ウルリッヒ・ベックとの対話』岩波書店 (日本での講演会での報告).

Beck, U., W. Bonss, & C. Lau (2001) *"Theorie Reflexiver Moderisierung", Die Modernisierung der Moderne,* Suhrkamp.

Berger, P.L., B. Berger, & H. Kellner (1974) *The Homeless Mind: Modernization and Consciousness*, Penguin. 高山真知子他訳『故郷喪失者たち—近代化と日常意識』1977年, 新曜社.

Besnard, P. (1973) "Durkheim et les femmes ou le Suicide inachevé", *Revue Francaise de Sociologie*, 14-1. 杉山光信・三浦耕吉郎訳『デュルケムと女性, あるいは未完の「自殺論」』1988年, 新曜社.

Best, J. (2001) *Damned Lies and Statistics: Untangling Numbers from the Media, Politicians and Activists*, University of California Press. 林大訳『統計はこうしてウソをつく—だまされないための統計学入門』2002年, 白揚社.

Best, J. (2004) *More Damned Lies and Statistics: How Numbers Confuse Public Issues*, University of California Press. 林大訳『統計という名のウソ―数字の正体，データのたくらみ』2007年，白揚社.

Bostrom, N. (2005) "A History of Transhumanist Thought", *Journal of Evolution & Technology*, 14-1.

Bostrom, N. (2016) *Superintelligence: Path, Dangers, Strategies*, Oxford University Press. 倉骨彰訳『スーパーインテリジェンス―超絶AIと人類の命運』2017年，日本経済新聞出版社.

Braidotti, R. (2006) *Transpositions,* Polity.

Braidotti, R. (2011) *Nomadic Theory: the portable Rosi Braidotti,* Colombia University Press.

Braidotti, R. (2013) *The Posthuman*, Polity Press. 門林岳史監訳『ポストヒューマン―新しい人文学に向けて』2019年，フィルムアート社.

Braidotti, R. (2019) *Posthuman Knowledge*, Polity.

C

Carrithers, M., S. Collins, & S. Lukes (eds.) (1895) *The Category of the Person,* Cambridge University Press. 厚東洋輔・中島道男・中村牧子訳『人というカテゴリー』1995年，紀伊國屋書店.

Clark, A. (2003) *Natural-Born Cyborgs: Minds, Technologies, and the Future of Human Intelligence*, Oxford University Press. 呉羽真・久木田水生・西尾香苗訳『生まれながらのサイボーグ―心・テクノロジー・知能の未来』2015年，春秋社.

Coeckelbergh, M. (2010) "Moral Appearances: Emotions, Robots, and Human Morality", *Ethics and Information Technology*, 12.

Coeckelbergh, M. (2011a) "You, Robot: on the Linguistic Construction of Artificial Others", *AI & Society*, 26-1.

Coeckelbergh, M. (2011b) "Humans, Animals, and Robots: A Phenomenological Approach to Human-Robot Relations", *International Journal of Social Robotics,* 3-2.

Coeckelbergh, M. (2014) "The Moral Standing of Machines: Towards a Relational and Non-Cartesian Moral Hermeneutics", *Philosophy and Technology*, 27-1.

Coeckelbergh, M. (2015) "Language and Technology: Maps, Bridges, and Pathways", *AI & Society*, 32-2.

Coeckelbergh, M. (2018) "Why Care about Robots? : Empathy, Moral Standing, and the Language of Suffering", *Kairos Journal of Philosophy and Science*, 20-1.

Coeckelbergh, M. (2020a) *Introduction to Philosophy of Technology,* Oxford University Press.

Coeckelbergh, M. (2020b) *AI Ethics,* MIT Press. 直江清隆訳者代表『AIの倫理学』2020年，丸善出版.

Coeckelbergh, M. & D.J. Gunkel (2014) "Facing Animals: A Relational, Other-

Oriented Approach to Moral Standing", *Journal of Agricultural and Environmental Ethics*, 27.

Collins, R. (1992) *Sociological Insight: An Introduction to Non-Obvious Sociology,* second edition, Oxford University Press. 井上俊・磯部卓三訳『脱常識の社会学』第二版，2013年，岩波書店.

Copeland, B.J. (2012) *Turing: Pioneer of the Information Age*, Oxford University Press. 服部桂訳『チューリング―情報時代のパイオニア』2103年，NTT出版.

Cooke, S. (2013) "Perpetual Strangers: Animals and the Cosmopolitan Right", *Political Studies*, 62-4.

D

Dennett, D.C. (1984) "Cognitive Wheels: The Frame Problem of AI", Hookway, C. (ed.) *Mind, Machine & Evolution: Philosophical Studies*, Cambridge University Press.

Donaldson, S. & W. Kymlicka (2011) *Zoopolis: A Political Theory of Animal Rights*, Oxford University Press. 青木人志・成廣孝監訳『人と動物の政治共同体』2016年，尚学社.

Donaldson, S. & W. Kymlicka (2013) "A Defense of Animal Citizens and Sovereigns", *Law, Ethics and Philosophy,* 1 (online).

Dreyfus, H.L. (1972) *What Computers Can't Do: Of Artificial Reason*, Harper & Row. 黒崎政男・村若修訳『コンピュータには何ができないか―哲学的人工知能批判』1992年，産業図書（改訂版の訳）.

Dreyfus, H.L. (2007) "Why Heideggerian AI Failed and How Fixing it Would Require Making it More Heideggerian", *Philosophical Psychology,* 20-2.

Durkheim, É. (1893/1960) *De la Division du Travail Social*, Presses universitaires de France. 井伊玄太郎訳『社会分業論』1989年，講談社.

E

Elliott, A. (2019) *The Culture of AI,* Routledge. 遠藤英樹・須藤廣・高岡文章・濱野健訳『デジタル革命の社会学―AIの文化』（仮題）2022年（予定），明石書店.

Elliott, A. (2020) "The Algorithmic Self", Elliott, A., *Concepts of the Self,* fourth edition, Polity. 片桐雅隆・森真一訳『自己論を学ぶ人のために』2008年，世界思想社（ただし，翻訳は初版のものなので，この章は入っていない）.

Elliott, A. (2021a) "Posthumanism", Elliott, A. (ed.) *Routledge Handbook of Social and Cultural Theory,* second edition, Routledge.

Elliott, A. (2021b) *Making Sense of AI: Our Algorithmic World*, Polity.

Elliott, A. (ed.)(2021c) *The Routledge Social Science Handbook of AI*, Routledge.

Elliott, A. & C. Lemert (2006) *The New Individualism: The Emotional Costs of Globalization*, Routledge.

Elliott, A. & C. Lemert (2016) "Identity, Individualism, Individualization: Three Versions of the Self", Elliott, A*., Identity Troubles: An Introduction,* Routledge. 石田

裕美子・河田純一・三浦一馬・千歩弥生訳「アイデンティティ，個人主義，個人化―自己の３つの型」『立正大学社会学論叢』2019年，第19号．

F

Floridi, L. (2014) *The Fourth Revolution: How the Infosphere is Reshaping Human Reality,* Oxford University Press. 春木良且・犬束敦史監訳『第四の革命』2017年，新曜社．

Fukuyama, F. (2002) *Our Posthuman Future: Consequences of the Biotechnology Revolution,* Picador. 鈴木淑美訳『人間の終わり―バイオテクノロジーはなぜ危険か』2002年，ダイヤモンド社．

G

Gabriel, M. (2013) *Warum Es Die Welt Nicht Gibt*, Ullstein. 清水一浩訳『なぜ世界は存在しないのか』2018年，講談社．

Glenn, L.M. (2018) "What Is a Person?", Bess, M. & D.W. Pasulka (eds.) *Posthumanism: The Future of Homo Sapiens,* Macmillan.

Goffman, E. (1963) *Stigma*, Prentice-Hall. 石黒毅訳『スティグマの社会学』1970年，せりか書房．

Goffman, E. (1967) *Interaction Ritual*, Doubleday. 広瀬英彦・安江孝司訳『儀礼としての相互行為』1986年，法政大学出版局．

Gouldner, A. (1957) "Cosmopolitans and Locals", *Administrative Science Quarterly*, 2-3.

Gouldner, A.W. (1970) *The Coming Crisis of Western Sociology*, Basic Books. 岡田直之他訳『社会学の再生を求めて』1978年，新曜社．

Gray, C.H. (2002) *Cyborg Citizen*, Routledge.

H

Habermas, J. (2003) *The Future of Human Nature*, Polity. (*Die Zukunft der menschlichen Natur: Auf dem Weg zu einer liberalen Eugenik?*, 2001, Suhrkamp.) 三島憲一訳『人間の将来とバイオエシックス』2004年，法政大学出版局．

濱嶋朗・竹内郁郎・石川晃弘編 (1997)『新版・社会学小辞典』有斐閣．

Hannah, F. (2019) *Hello World: How to be human in the Age of the Machine*, Transworld. 森嶋マリ訳『アルゴリズムの時代―機械が決定する世界をどう生きるか』2021年，文藝春秋．

Harari, Y.N. (2011) *Sapiens: A Brief History of Humankind*, Harper. 柴田裕之訳『サピエンス全史』2016年，河出書房新社．

Harari, Y.N. (2017) *Homo Deus: A Brief History of Tomorrow*, Harper. 柴田裕之訳『ホモ・デウス―テクノロジーとサピエンスの未来』2018年，河出書房新社．

Haraway, D.J. (1991) *Simians, Cyborgs, and Women: Reinvention of Nature,* Free Association. 高橋さきの訳『猿と女とサイボーグ―自然の再発明』2000年，青土社．

Haraway, D.J. (2003) *The Companion Species Manifesto: Dogs, People, and Significant Otherness,* Prickly Paradigm Press. 永野文香訳『伴侶種宣言―犬と人の「重要な他者」』

2013年, 以文社.

Haraway, D.J. (2004) "Cyborgs to Companion Species", *The Haraway Reader*, Routledge.

Haraway, D.J. (2008) *When Species Meet*, University of Minnesota Press. 高橋さきの訳『犬と人が出会うとき』2013年, 青土社.

Harman, G. (2018) *Speculative Realism*, Polity.

Harvey, D. (2009) *Cosmopolitanism and the Geographies of Freedom,* Columbia University Press. 大屋定春他訳『コスモポリタニズム―自由と変革の地理学』2013年, 作品社.

Hayles, N.K. (1999) *How We Became Posthuman: Virtual Bodies in Cybernetics, Literature, and Informatics,* University of Chicago Press.

Herbrechter, S. (2013) *Posthumanism*, Bloomsbury Academic. (*Posthumanismus: Eine kritische Einführung,* 2009, WBG.)

Hewitt, J.P. & R. Stokes (1975) "Disclaimers", *American Sociological Review*, 40-1,

Hewitt, J.P. & R. Stokes (1976) "Aligning Actions", *American Sociological Review,* 41-5.

Hewitt, J.P. (2000) *Self and Society,* 8th edition, Allyn & Bacon.

Hopcroft, R.L. (2013) "Neurosociology and Theory of Mind," Franks, D.D.& J.H. Turner (eds.) *Handbook of Neurosociology,* Springer.

Hsu, E., A. Elliott, Y. Ishii, A. Sawai, & M. Katagiri (2020) "The Development of Aged Care Robots in Japan as a Varied Process", *Technology in Society,* 63.

I

飯盛元章 (2019)「ポスト・ヒューマニティーズの思想地図と小事典」『現代思想』47-1. その他, 2010年代での『現代思想』での思弁的実在論をめぐる諸論文.

今田高俊 (1986)『自己組織性―社会理論の復活』創文社.

今井倫太・小野哲雄 (2005)「人間―ロボット間相互作用」『計測と制御』44-12.

稲葉振一郎 (2019)『AI時代の労働の哲学』講談社.

稲葉振一郎他 (2020)『人工知能と人間・社会』勁草書房.

石黒浩 (2009)『ロボットとは何か―人の心を映す鏡』講談社.

石黒浩 (2019)『人とは何か―アンドロイド研究から解き明かす』NHK出版.

イザヤ・ベンダサン (1971)『日本人とユダヤ人』角川書店.

K

鎌田慧 (1988)『ロボット絶望工場』講談社.

金子みすゞ (2011)『金子みすゞ名詩集』彩図社.

Kant, I. (1802) *Physische Geographie,* Vollmer. 宮島光志訳『自然地理学』カント全集 16, 2001年, 岩波書店.

Kaplan, F. (2005) *Les Machines Apprivoisées: Comprendre les Robots de Loisir*, Vuibert. 西垣通監修, 西兼志訳『ロボットは友だちになれるか―日本人と機械のふしぎな関係』2011年, NTT出版.

片桐雅隆 (1976)「研究者の『下部構造』と組織理論」『社会学評論』26-3.

片桐雅隆 (1989)「リアルセルフの社会学―ターナー」片桐雅隆編『意味と日常世界』世界思想社.

片桐雅隆 (1993)『シュッツの社会学』いなほ書房.

片桐雅隆 (1996)『プライバシーの社会学―相互行為・自己・プライバシー』世界思想社.

片桐雅隆 (2000)『自己と「語り」の社会学―構築主義的展開』世界思想社.

片桐雅隆 (2006)『認知社会学の構想―カテゴリー・自己・社会』世界思想社.

片桐雅隆 (2011)『自己の発見―社会学史のフロンティア』世界思想社.

片桐雅隆 (2017)『不安定な自己の社会学―個人化のゆくえ』ミネルヴァ書房.

片桐雅隆 (2019)「『人間』の語られ方―ポストヒューマンの社会学序説」『立正大学文学部研究紀要』第35号.

片桐雅隆 (2022)「解釈的社会学の展開と課題」立正大学人文科学研究所編『人文科学における「解釈」のアクチュアリティ』知泉書館, 刊行予定.

古賀敬太 (2014)『コスモポリタニズムの挑戦―その思想史的考察』風行社.

子安増生 (2011)「自己と他者―発達的アプローチ」子安増生・大平英樹編『ミラーニューロンと〈心の理論〉』新曜社.

Kurzweil, R. (2005) *The Singularity is Near: When Humans Transcend Biology,* Penguin Books. 井上健監訳『ポスト・ヒューマン誕生―コンピュータが人類の知性を超えるとき』2007年, NHK出版.

L

Latour, B. (1999) *Pandora's Hope: Essays on the Reality of Science Studies,* Harvard University Press. 川崎勝・平川秀幸訳『科学論の実在―パンドラの希望』2007年, 産業図書.

Lindesmith, R., A. Strauss, & N. Denzin (1978) *Social Psychology,* 5th edition, Holt, Rinehart & Winston. 船津衛訳『社会心理学―シンボリック相互作用論の展開』1981年, 恒星社厚生閣.

Lock, A. & T. Strong (2010) *Social Constructionism: Sources and Stirrings in Theory and Practice,* Cambridge University Press.

Lupton, D. (2016) *The Quantified Self,* Polity.

Lupton, D. (2019) *Data Selves: More-than-Human Perspectives,* Polity.

M

丸山圭三郎 (1981)『ソシュールの思想』岩波書店.

丸山圭三郎 (1987a)『言葉と無意識』講談社.

丸山圭三郎 (1987b)『生命と過剰』河出書房新社.

Marx, J. & C. Tiefensee (2015) "Of Animals, Robots and Men", *Historical Social Research,* 40-4.

松原仁・山本和彦 (1987)「フレーム問題について」『人工知能学会誌』2-3.

松尾豊 (2015)『人工知能は人間を超えるか―ディープラーニングの先にあるもの』KADOKAWA.

Maturana, H.R. & F. J. Varela (1980) *Autopoiesis and Cognition: The Realization of the*

Living, D. Reidel. 河本英夫訳『オートポイエーシス—生命システムとはなにか』1991年, 国文社.

Mazlish, B. (1993) *The Fourth Discontinuity*, Yale University Press. 吉岡洋訳『第四の境界—人間−機械進化論』1996年, ジャストシステム.

McCarthy, J. & P.J. Hayes (1969) "Some Philosophical Problems from the Standpoint of Artificial Intelligence", Meltzer, B. & D. Michie (eds.) *Machine Intelligence*, No.4, Edinburgh University Press.

Mead, G.H. (1932) "Supplementary Essays II ", *The Philosophy of the Present*, The University of Chicago Press. 小川英司訳「G・H・ミード『物的事象』」『G・H・ミードの社会学』1992年, いなほ書房.

Mead, G.H. (1934) *Mind, Self, and Society: from the Standpoint of a Social Behaviorist,* C.W. Morris (ed.), University of Chicago Press. 河村望訳『精神・自我・社会』1995年, 人間の科学社.

Meillassoux, Q. (2006) *Après la Finitude*, Seuil. 千葉雅也・大橋完太郎・星野太訳『有限性の後で』2016年, 人文書院.

Mendieta, E. (2012) "Interspecies Cosmopolitanism", Delanty, G. (ed.), *Routledge Handbook of Cosmopolitanism Studies,* Routledge.

三宅陽一郎 (2017)『なぜ人工知能は人と会話ができるのか』マイナビ出版.

Mills, C.W. (1970) "Situated Action and Vocabularies of Motives", Stone, G.P. & H.A. Farberman (eds.), *Social Psychology through Symbolic Interaction*, Xerox. 青井和夫・本間康平監訳『権力・政治・民衆』1971年, みすず書房.

水谷雅彦・越智貢・土屋俊編著(2003)『情報倫理の構築』新世社.

森岡正博(2019)「人工知能と現代哲学—ハイデガー・ヨーナス・粘菌」『哲学』70号.

N

Nagai, K. et al. (eds.) (2015) *Cosmopolitan Animals*, Palgrave Macmillan.

中河伸俊 (1999)「社会問題の研究と公式統計」,『社会問題の社会学—構築主義アプローチの新展開』世界思想社.

中沢新一・長谷川祐子監修(2010)『トランスフォーメーション』ACCESS.

Nayar, P.K. (2014) *Posthumanism*, Polity.

西垣通 (2018)『AI原論』講談社.

西垣通・河島茂生(2019)『AI倫理』中央公論新社.

Nussbaum, M.C. with Respondents (1996) *For Love of Country: Debating the Limits of Patriotism*, Beacon Press. 辰巳伸知・能川元一訳『国を愛するということ—愛国主義の限界をめぐる論争』2000年, 人文書院.

Nussbaum, M. (2004) "Beyond Compassion and Humanity: Justice for Non-Human Animals", Sunstein, C.R. & M. Nussbaum (eds.), *Animal Rights: Current Debates and New Directions,* Oxford University Press. 奥田純一郎訳「『同情と人間性』を超えて—人間以外の動物への正義」安部圭介・山本龍彦・大林啓吾監訳『動物の権利』第14章, 2013年, 尚学社.

Nussbaum, M.C. (2006) *Frontiers of Justice: Disability, Nationality, Species Membership,* Belknap Press of Harvard University Press. 神島裕子訳『正義のフロンティア―障碍者・外国人・動物という境界を越えて』2012年，法政大学出版局.

O

岡田美智男 (2012)「ゴミ箱ロボット―関係論的なロボットの目指すもの」『計測と制御』51-8.

岡田美智男 (2017)『〈弱いロボット〉の思考―わたし・身体・コミュニケーション』講談社.

岡田美智男・松本光太郎編著 (2014)『ロボットの悲しみ―コミュニケーションをめぐる人とロボットの生態学』新曜社.

岡本裕一朗 (2018)『答えのない世界に立ち向かう哲学講座』早川書房.

O'Neil, C. (2016) *Weapons of Math Destruction,* Crown. 久保尚子訳『あなたを支配し，社会を破壊する，AI・ビッグデータの罠』2018年，インターシフト.

R

Reese, B. (2018) *The Fourth Age,* Atria Books. 古谷美央訳『人類の歴史とAIの未来』2019年，ディスカヴァー・トゥエンティワン.

Rose, N. (2007) *The Politics of Life Itself,* Princeton University Press. 檜垣立哉監訳『生そのものの政治学』2014年，法政大学出版局.

S

阪本俊生 (2009)『ポスト・プライバシー』青弓社.

Sandel, M.J. (2007) *The Case against Perfection: Ethics in the Age of Genetic Engineering,* Belknap Press of Harvard University Press. 林芳紀・伊吹友秀訳『完全な人間を目指さなくてもよい理由―遺伝子操作とエンハンスメントの倫理』2010年，ナカニシヤ出版.

佐藤裕 (2019)『人工知能の社会学―AIの時代における人間らしさを考える』ハーベスト社.

佐藤義之 (2020)『「心の哲学」批判序説』講談社.

Schutz, A. (1964) *Collected Papers II* , Martinus Nijhoff. 渡部光・那須壽・西原和久訳『社会理論の研究』アルフレッド・シュッツ著作集第3巻，1991年，マルジュ社.

Schütz, A. & T. Luckmann (1975) *Strukturen der Lebenswelt,* H. Luchterhand. 那須壽監訳『生活世界の構造』2015年，筑摩書房.

Searle, J.R. (2004) *Mind: A Brief Introduction*, Oxford University Press. 山本貴光・吉川浩満訳『マインド―心の哲学』2006年，朝日出版社.

柴田正良 (2001)『ロボットの心』講談社.

Shibutani, T. (1955) "Reference Group as Perspectives", *American Journal of Sociology*, 60-6.

Shibutani, T. (1986) *Social Processes,* University of California Press.

Silver, L.M. (1997) *Remaking Eden: Cloning and beyond in a Brave New World*, William Morrow. 東江一紀・真喜志順子・渡会圭子訳『複製されるヒト』1998年，翔泳社.

Silver, L.M. (2006) *Challenging Nature,* Harper Collins. 楡井浩一訳『人類最後のタ

ブー―バイオテクノロジーが直面する生命倫理とは』2007年，日本放送出版協会.

Simmel, G. (1890–1989) *Über soziale Differenzierung*, Suhrkamp. 居安正訳『社会分化論』1970年，青木書店.

T

高田里惠子(2010)「文系知識人の受難―それはいつから始まったか」芹沢一也・荻上チキ編『日本思想という病』光文社.

Taylor, S. (2017) *Beasts of Burden: Animal and Disability Liberation*, New Press. 今津有梨訳『荷を引く獣たち―動物の解放と障碍者の解放』2020年，洛北出版.

Tegmark, M. (2017) *Life 3.0: Being Human in the Age of Artificial Intelligence*, Penguin. Books. 水谷淳訳『LIFE3.0―人工知能時代に人間であるということ』2020年，紀伊國屋書店.

Turkle, S. (1984) *The Second Self*, MIT Press. 西和彦訳『インティメイトマシン―コンピュータに心はあるか』1984年，講談社.

Turner, J. (2013) "Neurology and Interpersonal Behavior: The Basic Challenge for Neurosociology", Franks, D.D.& J.H. Turner (eds.), *Handbook of Neurosociology,* Springer.

Turner, R. H. (1956) "Role-Taking, Role Standpoint, and Reference-Group Behavior", *American Journal of Sociology,* 61-4.

U

上野直樹・西阪仰(2000)『インタラクション―人工知能と心』大修館書店.

宇佐美誠編(2020)『AIで変わる法と社会』岩波書店.

W

Wadiwel, D.J. (2015) *The War against Animals*, Brill. 井上太一訳『現代思想からの動物論―戦争・主権・生政治』2019年，人文書院.

Walzer, M. (1994) *Thick and Thin: Moral Argument at Home and Abroad*, University of Notre Dame Press. 芦川晋・大川正彦訳『道徳の厚みと広がり―われわれはどこまで他者の声を聴き取ることができるか』2004年，風行社.

Walzer, M. (1996) "Spheres of Affection", M.C. Nussbaum with Respondents, *For Love of Country*, Beacon Press. 辰巳伸知・能川元一訳「愛情の圏域」『国を愛するということ―愛国主義の限界をめぐる論争』2000年，人文書院.

Y

山本進也(2016)『落語―基礎知識から古典まで』山川出版社.

山本龍彦(2017)『プライバシーの権利を考える』信山社出版.

山崎敬一・川島理恵・葛岡英明(2006)「エスノメソドロジー的研究をいかに行うか」『ヒューマンインタフェース学会誌』8-4.

矢澤修次郎編(2017)『再帰的=反省社会学の地平』東信堂.

Z

Zuboff, S. (2019) *Age of Surveillance Capitalism: The Fight for a Human Future at the New Frontier of Power*, Profile Books.

索　　引

●人名索引

著者紹介

片桐 雅隆（かたぎり まさたか）

千葉大学名誉教授、立正大学非常勤講師、南オーストラリア大学特任教授。博士（文学）早稲田大学。専攻は社会学—社会理論、自己論、現代社会論。

〈著書〉

『プライバシーの社会学—相互行為・自己・プライバシー』(1996)、『自己と「語り」の社会学—構築主義的展開』(2000)、『過去と記憶の社会学—自己論からの展開』(2003)、『認知社会学の構想—カテゴリー・自己・社会』(2006)、『自己の発見—社会学史のフロンティア』(2011) 以上世界思想社、『不安定な自己の社会学—個人化のゆくえ』(2017) ミネルヴァ書房 ほか

〈編著〉

Elliott, A., M. Katagiri, & A. Sawai (eds.) (2013) *Routledge Companion to Contemporary Japanese Social Theory*, Routledge ほか

〈翻訳書〉

ブルーマー，H.『産業化論再考』(共訳)(1995) 勁草書房、ストラウス，A. L.『鏡と仮面』(監訳)(2004)、エリオット，A.『自己論を学ぶ人のために』(共訳)(2008) 以上世界思想社 ほか

人間・AI・動物
ポストヒューマンの社会学

　　　　　　　　　　令和 4 年 1 月 30 日　発　行

著 作 者　　片　桐　雅　隆

発 行 者　　池　田　和　博

発 行 所　丸善出版株式会社
　　　　　〒101-0051　東京都千代田区神田神保町二丁目17番
　　　　　編集：電話（03）3512-3264／FAX（03）3512-3272
　　　　　営業：電話（03）3512-3256／FAX（03）3512-3270
　　　　　https://www.maruzen-publishing.co.jp

ⒸMasataka Katagiri, 2022

組版印刷・株式会社 日本制作センター／製本・株式会社 星共社

ISBN 978-4-621-30663-5　C 3036　　　　　　　Printed in Japan